정치론

 아우또노미아총서17

정치론 Tractatus Politicus

지은이 베네딕트 데 스피노자
옮긴이·해설 김호경

펴낸이 장민성, 조정환
책임운영 신은주 편집부 오정민

펴낸곳 도서출판 갈무리 등록일 1994. 3. 3. 등록번호 제17-0161호
초판 1쇄 2008년 12월 31일
초판 2쇄 2009년 4월 17일

주소 서울 마포구 서교동 375-13호 성지빌딩 101호
전화 02-325-1485 팩스 02-325-1407
website http://galmuri.co.kr e-mail galmuri@galmuri.co.kr

ISBN 978-89-6195-010-7 04100 / 978-89-6195-003-9 (세트)
도서분류 1.철학 2.정치학 3.신학 4.외교학

값 16,900원

이 도서의 국립중앙도서관 출판시도서목록(CIP)은 e-CIP 홈페이지(http://www.nl.go.kr/ecip)에서
이용하실 수 있습니다(CIP제어번호: CIP2008003684).

정치론

Tractatus Politicus
BENEDICT DE SPINOZA

베네딕트 데 스피노자 지음

김호경 옮김 · 해설

차례

- 옮긴이 서문 왜 지금 다시 『정치론』인가

1장 서론 17

2장 자연권에 대하여 31

3장 최고 권력의 권리에 대하여 61

4장 최고 권력의 기능에 대하여 81

5장 국가의 가장 좋은 상태에 대하여 91

6장 군주정에 대하여(1) 101

7장 군주정에 대하여(2) 125

8장 귀족정에 대하여(1) 169

9장 귀족정에 대하여(2) 217

10장 귀족정에 대하여(3) 233

11장 민주정에 대하여 249

- 스피노자 연보
- 찾아보기

| 일러두기 |

1. 라틴어 대본 Wernham, A. G. ed. & trans., *The political works*, Oxford : Clarendon Press, 1958을 기준으로 Carl Gebhardt, *Abhandlung vom Staate*, Hamburg: Felix Meiner, 1977과 Elwes, R. H. M.의 *Political Treatise*, New York: Dover Publications, 1951을 참조했다.

2. 옮긴이의 해설 부분은 '해설'이라고 본문에 표시해두었다. 그리고 필요에 따라 옮긴이 설명을 괄호 속에 '―옮긴이' 라고 표시하고 본문에 삽입하였다. 본문의 문단 구분은 가독성을 고려하여 내용 흐름에 따라 구성하였다.

3. 단행본·전집·정기간행물·영상·음반·공연물에는 겹낫표(『 』)를, 논문·논설·기고문·단편 등에는 낫표(「 」)를, 미술작품·사진·법안·단체명은 가랑이표(< >)를 사용하였다.

옮긴이 서문

왜 지금 다시 『정치론』인가

안또니오 네그리와 마이클 하트가 함께 쓴 『제국』*Empire*은 국가에 대한 이해와 국가현실이 변하고 있는 상황을 적절하게 드러내준다. 이 책은, 제국을 우리가 흔히 오해하기 쉬운 제국주의와 구분하면서, 제국의 근본적인 특징을 '경계 없음'이라고 말한다. 제국은 근대적 국민국가가 토대로 했던 공간적, 시간적 경계를 넘어서며 지배의 한계를 무력화시키기 때문이다. 기존의 국가체제에 위기를 불러온다는 면에서, 제국은 커다란 도전이며 시험이라고 할 수 있다. 그러나 탈근대주의와 탈식민주의로 인해서 변모된 우리의 현실이, 오랜 역사를 견디어

온 근대적 국가의 기능과 의미를 재고해야 할 필요성과 새로운 목표를 향해서 나아가야 할 방향성을 생각하게 한다는 것은 분명하다. 바야흐로 현재는, 다양한 형태로 전지구화된 제국이 출현하며 이에 따른 새로운 정치제제를 요구하는 시대인 것이다.

이런 상황에서 3세기 전에 쓰인 스피노자Benedict de Spinoza, 1632~1677의 『정치론』이 과연 어떤 의미를 갖는가? 새무얼 헌팅턴이 문명의 충돌을 이야기하고, 프랜시스 후쿠야마가 정치보다 강력해진 경제의 시대를 예견하는 시점에서, 스피노자의 정치에 대한 이해가 무슨 소용이란 말인가? 책을 번역하고 본문에 대한 해설을 덧붙이면서, 머릿속을 떠나지 않았던 질문이었다. 이러한 질문은 한편으로, *Tractatus Politicus*라는 원제를 '정치론'으로 번역할 것인가 '국가론'으로 번역할 것인지를 고민하게 했다. '국가론'으로 번역이 되어있는 것도 있는데, 스피노자 당시 새로운 정치형태인 '국가'에 대한 스피노자의 염원이 드러나는 듯하여 '국가론'이라는 제목이 좋기는 하지만, 이미 근대적 국가가 퇴색해버린 이 시점에서는 '국가'에 내포되었던 당시의 생생함을 드러낼 수 없다는 생각이 들었다. 반면, '정치론'으로 번역하면, 근대가 형성되던 스피노자 당대의 역동성은 떨어지는 듯하지만, 정치라는 삶의 형태를 떠날 수 없는 오늘날 우리의 상황과 불변하는 인간본성을 바탕으로 분류한 스피노자의 정치의 형태를 좀 더 밀접하게 연결시킬 수 있지 않을까 생각했다. 물론 '정치론'이 원제에 보다 가깝고, '정치론'으로 번역되는 요즈음의 대세도 무시할 수 없었다.

제목에 대한 이러한 고민은, 어쩌면 고전古典이 오늘날 갖는 의미에 대한 질문과 유사하다. 우리는 왜 고전을 읽는가? 인간이 속한 세계와 삶의 형태가 변한다고 할지라도 인간의 본래적 의미와 삶의 지혜는 변하지 않는다는 면에서, 옛 것은 새 것의 의미를 확증시켜주며 새로운 세계 속에서 잃지 말아야 할 것들이 무엇인지를 알려준다. 고전의 역할은 이것이다. 옛 것 속의 진리로 현재의 의미를 드러내주며 우리의 삶과 사고의 방향을 정초해준다는 것이다. 그렇다면, 근대국가가 태동할 때, 국가라는 새로운 체제에 대한 우려와 기대를 품고 좋은 정치를 꿈꾸었던 스피노자의 의중을 『정치론』이라는 제목 하에 다시금 되새겨 보는 것도 나쁘지 않으리라는 생각이다. 더욱이 스피노자가 중세에서 근대로 이행하는 격동의 시대를 살아내며 정치의 새로운 패러다임을 계획했다면, 스피노자의 『정치론』은 근대에서 탈근대, 혹은 탈식민주의라는 새로운 체계 속에 등장하는 제국이라는 새로운 패러다임에 대해서 우리가 가질 수 있는 계획과 꿈의 여지들을 보여주는 실마리를 제공하지는 않을까, 자못 기대가 되기도 한다.

이러한 기대는, 『정치론』이 스피노자의 다른 저술과 갖는 관계로부터 연유한다. 『윤리학』을 집필을 하던 스피노자는 1665년, 『윤리학』을 잠시 중단하고 『신학-정치론』을 쓰기 시작했다. 종교에 관한 15편의 논문과 정치에 관한 5편의 논문으로 구성된 『신학-정치론』에서 스피노자는 당시의 종교적 상황을 매우 신랄하게 비판하며 종교(기독교)의 본질과 의미를 성찰했다. 강도 높은 비판 때문에 1670년에 책을 출판할 때, 그는 가상의 출판사 이름으로 저자를 밝히지 않고 출판했다. 『신학-정치론』 후에, 스피노자는 중단되었던 『윤리학』을 완성했다. 스피노자의 대표작이라고 할 수 있는 『윤리학』에서 스피노자는 원인과 결과를 분명히 드러내는 분석적이고 객관적인 방법을 통해서 인간본성에 대한 자신의 철학적 구조를 완성하였다.

그러나 스피노자는 자신의 철학적 사고에 안주하지 않았으며, 자신이 처한 정치적 현실과 그것이 배태하고 있는 문제들이 제기하는 도전적 질문에 응답하였다. 이것이 바로 『정치론』이다. 1677년 2월, 스피노자의 죽음으로 미완성이 된 『정치론』은 스피노자의 유작이 되었으며, 1677년 말 출판되었다. 그러나 『신학-정치론』과 『윤리학』에 이은 『정치론』으로, 스피노자는 그의 전복적이며 급진적인 사상적 체계를 완성한다. 정치철학의 체계를 인간본성으로부터 이끌어낸 『정치론』의 1

부(1~5장)는 『윤리학』에서 언급된 스피노자의 인간에 대한 이해를 바탕으로 하며, 2부(6~11장)에서 궁극적으로 지향하는 민주정은 『신학-정치론』의 논의를 확장시키기 때문이다. 그러므로 스피노자는 『신학-정치론』과 『윤리학』, 그리고 『정치론』에 이르는 과정을 통해서 민주주의 정치이론을 구축했으며 그것의 제반조건과 형이상학적 수단들을 정교하게 체계화시켰다고 할 수 있다.

스피노자에게 있어서 삶은 관념이 아니다. 그것은 일종의 존재방식이다. 존재방식으로서의 삶에서 중요한 것은 관계이다. 스피노자는 당대의 인간이해를 '제국 속의 제국'이라고 비난했다. '제국 속의 제국'이란 고립된 영토를 뜻하는 것으로, 이 개념으로 스피노자는 인간을 자연과 분리시킨 채 단독적으로 이해하는 당대의 풍토를 비난했다. 스피노자는, 전체로서의 자연의 법칙과 다른 인간본성, 즉 자연과의 관계 속에서 분리된 인간본성을 생각할 수 없었기 때문이다. 그러므로 관계를 통해서 인간을 파악하는 스피노자가, 국가라는 인간의 조직체를 구상하면서 인간본성에 대한 그의 철학적 논거로부터 시작하는 것은 매우 당연한 일이라 할 수 있다. 더불어, 스피노자가 어떤 정치형태에서건 간에 궁극적으로 절대적인 권력을 비판하는 것도, 인간본성의 측면에서 당연한 귀결이라 할 수 있다. 스피노자에게 있어서 국가의 필요성은 인간본성의 가장 기본적인 출발점인 코나투스conatus를 실현하는 것이기 때문이다.

스피노자는, 존재하는 모든 것들은 신의 힘을 나누어 갖고 있기 때문에 인간은 끊임없이 자신을 보존하고 발전시키려고 한다고 주장한다. 그러므로 자신의 힘을 보존하고 발전시키려는 인간본성상, 그것들을 제재시키고 하나로 묶을 수 있는 테두리가 없다면 인간 공동체는 존재할 수 없다. 국가의 목적은 이러한 인간의 본성을 조절하고 통제하여 궁극적으로 모든 사람들이 각각 자신들의 인간본성을 실현하도록 하는 데 있다. 군주정, 귀족정, 민주정이라는 세 가지 형태의 국가 중에서, 스피노자가 민주정을 가장 이상적으로 생각하는 것은, 그것이 보다 많은 사람들의 인간본성을 실현시킬 수 있다고 생각하기 때문이다.

근대국가가 태동하던 시기에, 스피노자는 오늘날 우리가 경험하는 바와 같은 민주정을 상상할 수 없었을 것이다. 그는 아직도 신민臣民과 다중多衆, 남성과 여성, 귀족과 평민의 이분법적 사고 속에서 줄다리기를 하며 옛 시대와 새 시대 사이에 끼어있기 때문이다. 그러나 플라톤과 아리스토텔레스 이후 서구의 이분법적 이해를 고스란히 물려받은 근대적 사고의 특성을 염두에 둔다면, 봉건적이며 수동적인 신민subject의 질서가 훈육적이며 능동적인 시민citizen의 질서로 넘어갈 수 있도록 다중multitude이라 불리는 개개의 인간본성에 주목한 스피노자의 혁명성은 여전히 의미 있다. 스피노자는, 국가라는 세습적 신체를 물려받아 그것을 새로운 형태로 재창조할 수 있게 만든 원동력인 '시민'이라는 새로운 개념을 가능하게 했기 때문이다.

서구의 17, 18세기는 요동치는 시대이다. 오랫동안 지켜오던 것들이 흔들리며 새로운 방향을 위해서 몸부림치던 시대이다. 이러한 격랑의 시기에, 스피노자는 자신의 철학적 체계 내에서 변화하는 세태에 새로운 방향을 정초할 수 있었다. 이것은, 그가 당대에 자신에게 맡겨진 사명을 예언자적으로 감당했다는 것을 의미한다. 스피노자가 그럴 수 있었던 것은, 자신의 사고체제 안에 갇혀있지 않았기 때문이다. 그는 자신의 철학과 삶의 현실을 연결시켰으며 현실의 도전에 주저하지 않았다. 생전에 많은 비난을 받았지만, 그는 시대가 무엇을 요구하는지 누구보다 정확하게 간파했다.

시대를 달리하여, 우리도 유사한 위험과 도전에 직면해 있다. 오래전부터 당연시되던 것들이 더 이상 당연하지 않은 시대에 들어선 것이다. 이러한 상황에서, 인간본성은 누구에게나 같다는 스피노자의 주장은 두려움과 희망을 동시에 던져준다. 형식이나 체제와 무관하게 권력에 대한 인간의 끝없는 욕심을 보아온 우리로서는, 인간본성이 같다는 스피노자의 전제가 여간 두려운 것이 아니기 때문이다. 더욱이 무제한적 권력을 갖고 있는 제국의 출현과 신자유주의 경제체제는 우리의 현실을 이미 불투명한 미래 속으로 집어넣었다. 제국이 제국주의와 다르다는 것을 아무리 강조하여도, 경계와 한계를 넘어서는 제국에 대한 두려움은 가시지 않는다. 그러나 두렵다고 다시 옛 세계에 안주하고 있을 수도 없는 상황이다. 이러한 때에, 온전한 공동체를 이루어 그 속에서 개개의 인간본성을 실현할 수 있다는 스피노자의 희망은 여전히 소중하며 시대를 넘어서는 그의 혁명성이 새삼 절실하다.

그러므로 번역을 하면서, 3세기 전 스피노자의 철학적 현실을 되밟아보며 인간에 대한 스피노자의 의지와 개개의 인간본성을 실현하게 하려는 그의 계획에 기쁘게 동참할 수 있었다. 그러나 이것을 실수 없이 번역하고 정확하게 해설하는 것은 무척이나 버거운 작업이었다. '만약 이 책을 강의한다면, 어떤 부연설명이 필요할까?'를 염두에 두면서 해설을 붙였다. 주와 해설의 차이에 기대어, 해설에 일일이 참고문헌을 기재하지 않은 것에 대해서 독자들에게 양해를 구한다. 해설은 질 들뢰즈Gilles Deleuze, 안또니오 네그리Antonio Negri, 에티엔 발리바르Etienne Balibar와 같이 끊임없이 스피노자를 살려내는 학자들의 도움에 힘입은 바 크지만, 혹시 번역과 해설에 흠이 있다면, 그것은 전적으로 역자의 부족함에서 기인한다. 스피노자에게 들였던 시간이 그를 새롭게 공부하고 발견할 수 있었던 의미 있는 시간이 되었던 것처럼, 독자들에게도 시대를 헤쳐나간 스피노자의 정신이 함께 전해졌으면 좋겠다.

2008년 12월

김호경

1

서론

1. 철학자들은, 우리를 괴롭히는 정념affectus의 변화들을 사람들 스스로의 잘못으로 생겨난 악덕이라고 생각한다. 그리고 자신들을 경건하게 보이려고, 대개는 그러한 정념들을 비웃거나, 측은해 하거나, 또는 비난하고, 저주한다. 그리고 자신들이, 어디에도 존재하지 않는 인간본성에 대해 다양한 칭찬을 늘어놓을 수 있으며 실제로 존재하는 인간본성에 대해서 논쟁할 수 있을 정도로 현명하다면, 그들은 자신들이 무엇인가 훌륭한 일을 하고 있으며, 자신들은 이미 배움의 정상에 다다랐다고 생각한다. 철학자들은 인간을 있는 그대로의 모

습이 아니라 그들 스스로가 원하는 모습으로 상상하기 때문이다.

> 해설 스피노자는, 이성과 정념을 분리시키고 인간의 본성을 이성적으로 생각하는 고대의 스토아학파를 비난한다. 스토아학파는 자연의 원리인 로고스가 이성으로서 인간에 내재하기 때문에 인간은 이성의 원리에 따라 행동해야 한다고 주장한 반면, 스피노자는 자연이 이성적인 측면과 물질적인 측면으로 구성되어있으며 세상의 모든 것은 자연의 필연성에 의해서 움직인다고 강조한다. 이성을 중시한다는 면에서는 동일하지만, 스피노자에게 있어서 이성의 역할은 자연의 법칙을 깨닫는 것이지 우주를 움직이는 힘은 아니다. 스토아학파와 구분되는 스피노자의 이러한 특성은 스피노자 당대는 물론 중세를 풍미했던 철학적 풍토에 대한 반박을 내포한다. 고대철학의 전통적 권위에 의존하여 기독교를 변증했던 당대의 철학은 단순히 기존의 자료를 모으고 분류하는 것에서 벗어나 기독교의 진리를 포괄적으로 체계화시키는 공헌을 했지만, 시간이 지나면서 기독교 교리와 체계의 고정화와 제도화로 새로운 문제에 대처할 힘을 잃어갔다. 스피노자는 철학의 이러한 경향이 결과적으로 철학을 삶과 분리시키는 결과를 초래고 했다고 비판한다. 그러므로 스피노자는 철학자에 대한 비판으로부터 정치에 대한 그의 첫 번째 입장을 피력하고자 한다. 이는, 그가 정치적 분석이 접목될 수 있는 유일한 실제적 현실로 정념과 분리되지 않은 인간을 전제로 하기 때문이다. 그러므로 그의 다음 논박은 경험으로부터 정치를 이론화하는 정치가들에 대한 것이다.

그러므로 철학자들은 일반적으로 윤리학 대신 풍자시를 써왔으며 사용할 수 있는 정치론을 염두에 둔 적이 결코 없었다.

해설 윤리학과 풍자시의 대조는 아마도 스피노자의 『윤리학』(Ethica)에 적용된 방법으로부터 이해할 수 있을 듯하다. 스피노자는 『윤리학』에서 기하학적 방법을 사용하는데, 이는 그가 '풍자'라고 보는 방법과 대립되는 것이다. 풍자는 인간의 무능력과 고통에서 즐거움을 얻는 모든 것을 내포하는 것으로 저속하며 영혼을 파괴하는 것이다. 그러므로 그는 기하학적 방법으로 윤리학을 개진함으로써, 잘못된 인간의 행위를 조롱하는 것이 아니라 교정할 수 있다고 생각했다. 아마도 그는, 결과와 원인이 분명하게 드러난 자신의 『윤리학』이야말로 진정한 윤리학이 될 수 있다고 생각했을 것이다.

그들의 생각은 아마도 키메라에게나 적합하거나, 유토피아 혹은 적어도 시에 대한 욕구가 있었던 문학의 황금기에나 만들어졌을 법한 것들이다. 따라서 유용하게 적용될 수 있는 모든 학문 특히 정치론에서, 이론과 실천이 서로 맞아 떨어지지 못하게 되었다. 그러므로 공적인 업무를 감독하는 데 있어서, 이론가나 철학자만큼 부적합한 사람도 없다.

해설 『정치론』의 첫 부분은 두 가지 유형의 그룹을 대조시킨다. 하나는 비현실적인 인식 때문에 비난받는 철학자들의 유형이고 다른 하나는 현실적이라는 이유로 2절에서 긍정적으로 평가되는 정치가들의 유형이다. 스피노자는 철학자들을, 그리스신화에 나오는 사자의 머리, 양의 몸, 뱀의 꼬리를 가지고 입에서 불을 뿜는 괴수 키메라에 비유함으로써, 그들의 비현실적이고 유토피아적인 감각을 조롱한다. 스피노자가 보기에, 이데아와 합리적인 인간본성이라는 가설로부터 이상적인 국가의 형태를 유출해내려는 플라톤주의 철학자들은 그저 꿈을 좇는 사람들에 불과하기 때문이다. 반면 정치가들은 그들이 갖고 있는 현실주의적인 측면으로 스피노자의 옹호를 받는다. 대표적으로는 마키아벨리(Niccolò Machiavelli, 1469~1527)가 이에 속한다.

2. 다른 한편으로, 정치가들은 사람들의 행복을 고려하기보다 사람들에게 반₨하는 일을 꾸민다는 의심을 받는다. 그러므로 그들은 학식 있는 자라기보다 교활한 자로 평가된다.

> 해설 정치가들에 대한 이러한 부정적 이해는 스피노자 시대의 상황을 반영하는 듯하다. 특히 각 당파들 사이의 정략적 문제로 정치적인 부침이 심했던 네덜란드에서 정치가들은 자신의 이익을 위해서 선택의 변화를 마다하지 않는 자들로 인식되었다.

의심할 바 없이 경험은, 인간이 행동하는 한 악덕이 존재할 것이라는 점을 정치가들에게 가르쳤다. 그러므로 정치가들은 인간의 악덕을 방지하는 것을 연구했다. 그러나 그들은 오래된 실제적 경험으로부터 배워왔던 방법, 즉 사람들이 일반적으로 이성적인 이유에서보다 두려움 때문에 사용하는 간교한 방법으로 연구를 했던 것이다.

> 해설 인간이 행하는 악덕을 바로 잡는다는 정치가들의 목표는 현실을 바탕으로 한 인식이다. 스피노자는 정치가들의 이러한 인식을 현실과 무관하게 이상을 꿈꾸는 철학자들의 인식과 분명하게 차별화시킨다.

그러므로 신학자들은 정치가들을 종교의 적으로 간주했다. 신학자들은, 종교적 법규가 개인을 구속하는 것처럼, 최고 권력이 경건한 종교적 법규에 따라서 공적인 업무를 담당해야 한다고 믿기 때문이다. 그러나 정치론에 대해서 철학자들보다는 정치가들이 훨씬 더 훌륭한 글을 썼다는 것은 분명하다. 정치가들은 경험을 최고로 삼았기 때문에, 관습과 일치하지 않는 것은 가르치지 않았다.

해설 마지막 중세인이며 최초의 근대인으로 불리는 스피노자는 여전히 종교의 위력을 무시할 수 없는 세계 속에 살았다. 그러므로 중세 사고의 준거가 되었던 종교가들, 신학자들의 평가는 간과할 수 없는 것이었다. 그러나 스피노자는 종교적 경건을 내세우는 신학자들보다 현실적 삶을 중요하게 생각하는 정치가들의 입장을 옹호한다. 이러한 입장은 스피노자의 신학적이며 철학적인 입장을 반영한다. 스피노자에게 있어서 궁극적인 것은 학문을 통해서 진리를 추구하는 것이 아니라 삶을 위해서 진리를 추구하는 것이다. 그러므로 어떠한 형태로 진리를 말하건 간에 그것이 삶과 분리되었을 때, 철학이든 종교든 무엇이든 간에 스피노자는 그것을 공격한다. 여기서 정치에 관여하고자 하는 신학자들의 입장을 비판하는 것은 이 때문이다. 이러한 비판은 『신학-정치론』에서 이미 드러났던 것이다. 스피노자는, 신학자들이 정치가들을 공격하는 것에 대해서 정치가들의 현실감각이 철학자들보다는 뛰어나다는 것으로 정치가들을 옹호한다. 이것은 스피노자 당시의 정치적 배경과 스피노자가 속한 상황을 반영하고 있는 것이라 할 수 있는데, 스피노자는 신학자들이 종교의 대상을 합리적 사변의 문제로 삼고 종교를 이론적으로 변형시킨다는 이유로 그들을 반대하기 때문이다. 그러므로 이러한 신학자들이 현실의 경험을 바탕으로 한 정치가들을 비난하는 것을 스피노자는 정당한 것으로 받아들이지 않는다. 아마도 이 때문에, 스피노자는 요한 데 비트(Johan de Witt)의 정무관파와 밀접한 관계를 갖고 정치에 관여했을 것이다.

3. 확실히 경험은, 인간이 조화로운 삶을 유지할 수 있는 상상 가능한 모든 종류의 국가와, 국가의 경계 내에서 다중 multitudo이 삶을 영위할 수 있는 다양한 방법을 보여주었다는 것을 나는 충분히 알고 있다.

> 해설 『신학-정치론』에서는 다중이라는 용어가 중요하게 사용되지 않으며 그 횟수도 6번에 불과하다. 그러나 『정치론』에서 다중은 중요한 위치를 차지한다. 다중은 정치적 주체가 되지는 못하지만, 『신학-정치론』과 『정치론』의 밑바탕에 이르는 민주주의를 만드는 데 중요한 기반이 되기 때문이다. 그러므로 여기서 다중은 사회학적 개념으로 사용되며, 군주정과 귀족정, 민주정에 이르기까지 정치적 이성이 지향하는 것의 한계로 작용한다. 어느 제도이건 간에 권력은 다중의 힘에 적응해야 하기 때문이다. 전적으로 절대적인 것은 다중에 적응하는 권력이다. 다중에 대한 이러한 이해는 『정치론』에서 통치권의 무소불위와 자연권의 초월적 양도를 반박하는 스피노자의 지지대 역할을 하고 있다.

나는 이 문제에 대해서 우리가 경험이나 관습과 일치하는지를 시험해 보거나 증명해 보지 않은 어떤 것을 명상 따위와 같은 것으로 알 수 있다고 생각하지 않는다.

> 해설 스피노자는 지금까지의 인간 역사 속에서 가능한 온갖 종류의 국가의 형태가 등장했다고 생각한다. 왜냐하면 국가라는 삶의 형태에 대한 그의 이해는 인간본성으로부터 출발하기 때문이다. 인간본성이라는 공통점으로부터 인간의 삶의 다양한 모습들이 나온다면, 인간본성이 돌변할 수 있는 것이 아니라는 사실을 인식하는 한, 다양한 형태의 국가를 통해 온갖 형태의 정치가 이미 충분하게 실행되었다고 볼 수 있다는 것이다. 그러므로 만약 스피노자의 이러한

주장에 반대하여 무엇인가 새로운 것이 있다고 주장하려 한다면, 그것은 단순한 머릿속 사고로 알 수 있는 것이 아니라는 점을 강조한다. 그것을 알 수 있는 것은 삶과 분리되지 않은 경험일 뿐이기 때문이다.

본성상, 사람은 공동의 법 없이 살 수 없다. 공동의 법과 공적인 업무는 지적으로 가장 예리한 사람들, 혹은 매우 교활하거나 약삭빠른 사람들에 의해서 만들어지고 다루어진다. 그러므로 우리는, 공동의 사회에 도움이 될 만하지만 아직 그럴만한 기회나 우연을 얻지 못했던 어떤 일이나, 또는 자신의 안전을 추구하면서 공공의 업무에 종사하는 사람들이 해보지 않은 일은 없다고 생각한다.

해설 『정치론』은 1~5장을 1부로 6~11장을 2부로 나눈다. 1부에서 스피노자는 정치학 방법의 성격을 규정하고 기본통념들을 정의하고 정치체제들의 보존이라는 문제를 제기한다. 2부에서는 군주정, 귀족정, 민주정이라는 세 가지 정체들의 문제들을 각각 다룬다. 즉, 1부는 이론에 해당한다고 볼 수 있는데, 스피노자는 그의 정치철학의 체계를 인간본성으로부터 이끌어낸다. 스피노자는 인간본성이 정신적인 동시에 육체적인 것이라고 주장한다. 정신으로서의 인간본성은 신적 사유의 특정한 유한 양태이며 육체로서의 인간본성은 신적인 연장의 특정한 유한 양태이다. 그러므로 정신의 개별적 관념들과 그 육체들의 개별적 변용들이 동일한 연쇄로 결합함으로써 인간이 만들어진다. 이때 인간본성의 가장 기본적인 출발점을 존재보존성향, 즉 코나투스 conatus라고 부른다. 스피노자의 형이상학적 체계 속에서, 존재하는 모든 것들은 신의 힘을 나누어 갖고 있기 때문에 인간은 끊임없이 자신을 보존하고 발전시키려고 한다. 그러므로 자신의 힘을 보존하고 발전시키려는 이러한 인간본성상, 그것들을 제재하고 하나로 묶을 수 있는 테두리가 없다면 인간의 공동체는 존재할 수 없다. 이러한 정황에서 누군가는 항상 재빠르게 인간을 묶으며 그를 통해서 자신의 힘을 확장하려고 하기 때문에, 스피노자는 인간의 오랜 역사 속에서 인간을 하나로 묶으며 그것을 통해서 자신의 힘을 키우려했던 가능한 방법 중 시행되지 않은 것은 없다고 강조하는 것이다. 인간본성의 필연성에서 유래하는 모든 욕망은 인간존재의 자연적인 노력을 이끌어내기 때문이다.

4. 그러므로 정치론에 대한 나의 주장을 펼치기 위해서, 나는 확실하고 의심의 여지없는 논쟁의 과정을 통해서 논증하거나 인간본성의 상태로부터 추론하려고 하였다. 인간본성은 새롭고 낯선 것이 아니라 관습과 가장 일치하는 유일한 것이기 때문이다. 그리고 나는, 우리가 일반적으로 수학에서 사용하는 것과 같은 영적인 자유를 가지고 이 학문의 문제들을 연구할 것이다.

> 해설 스피노자의 대표작이라고 할 수 있는 『윤리학』에 사용된 기하학적 방법은 원인과 결과를 분명히 드러낼 수 있다는 장점이 있으며, 스피노자는 자신의 논지를 설득하기 위해서 이러한 분석적이고 객관적인 방법을 선호한다. 『정치론』에서 『윤리학』과 같은 기하학적 구조를 사용하지 않지만, 『정치론』도 인간의 본성을 기초로 국가의 기초들과 내용들을 나열하고 분석하는 구조적인 형태로 진행된다.

나는, 인간의 행동들을 조롱하고 비난하고 공격하지 않고, 그것들을 이해하고자 신중을 더 했다.

이를 위해서, 나는 사랑, 증오, 분노, 질투, 야망, 경건, 그리고 마음[1]의 다른 동요들과 같은 정념들을, 인간본성에 있는 악한 빛이 아니라, 본성에 내재해 있는 고유한 특징으로 간주하였다. 그것들은 더위, 추위, 폭풍, 천둥, 그리고 대기의 다른 특징들과 같은 것으로 불편함에도 불구하고 필요한 현상들이며, 일정한 원인을 가지고 있다.

> 해설 정념은 의지적인 악의가 저지르는 우연적이고 경멸적인 결과들이 아니라, 질서를 따르는 현상들과 유사하다. 정념에 대한 스피노자의 이러한 생각은 『윤리학』의 제 3부에서 다루어진다. 거기서 스피노자는, 다른 것들과 마찬가지로 증오, 분노, 질투 등의 정념들이 자연의 동일한 필연성과 동일함에서 유래한다는 것을 지적한다. 결과적으로 그가 강조하는 것은, 정념들이 정확한 원인들을 가지고 있으며 정념들은 그 원인들에 의해서 이해될 수 있는 인간본성이라는 것이다.

그 원인들로 말미암아서 우리는 그것들의 본성을 이해하려고 노력하며, 우리의 지성은 그것들을 올바르게 관찰하면서 많은 기쁨을 가진다. 그 기쁨은 감각을 즐겁게 하는 것들을 아는 것에 뒤지지 않는다.

---

1. [옮긴이] 스피노자는 중세적인 용어인 아니무스(animus, 마음)에 자신의 의미를 부여하여 이 용어를 사용한다. 정확한 의미를 파악하는 것이 쉽지 않지만, 『신학-정치론』이나 『정치론』에서 아니무스는 사람들의 마음, 특히 다중의 마음을 가리키는 것으로 사용된다. 『윤리학』에서는 멘스(mens, 정신)의 특정한 상태를 의미하는 것으로 아니무스를 사용하지만, 아니무스의 모호함 때문에 멘스를 더욱 선호한다.

1장 서론

5. 우리가 『윤리학』에서[2] 그것의 진리성을 입증한 것처럼, 인간이 정념의 변화에 필연적으로 종속되어 있다는 것은 확실하다. 인간은 불행한 사람들을 불쌍하게 여기고 일이 순조롭게 풀리는 사람들을 시기하고, 또한 자비보다는 앙갚음을 즐겨 하도록 만들어졌다. 더욱이 각각의 사람들은 다른 이들이 자신의 취향에 맞추어 주기를 원한다. 즉 다른 사람들이 자기가 찬성하는 것에 찬성하고 자기가 반대하는 것에 반대하기를 원하는 것이다. 그리고 모든 이들이 너도나도 최고가 되고자 열망하기 때문에, 서로 싸우며 다른 이들을 억압하는 데 서로가 전력을 다한다. 그리고 승리를 한 사람은 자신이 다른 사람에게 끼친 손해를 자신에게 행한 선보다 더욱 자랑스러워한다.

> 해설 인간본성이 자연 전체에 의존하는 것임에도 불구하고 인간이 자신을 전체로 간주하는 한, 인간은 자신의 이익을 위해서 오류와 정념에 빠지게 된다. 코나투스를 통한 정념의 전개는 이성으로 설명된 원인들에서 유래하면서 이성이 요구하는 통일성과 질서로 환원될 수 없는 특성을 가진다. 존재하는 한, 인간은 어떻게 하든 자신의 존재를 보존하려고 노력할 수밖에 없기 때문이다. 그러므로 코나투스는 항상 욕망을 만들어낸다. 욕망이란 인간의 성향들, 충동들, 의욕들의 총체를 지칭하는 것이다. 그러므로 적대적 정념들의 과잉은 코나투스의 도착을 드러내는 것이라 할 수 있다. 그러나 정념에 빠진 인간

---

2. *Ethics*, 4장 4, *Coroll*. iii. 31, 주 32, 주.

은 결코 자기 본성의 지배자가 될 수 없다.

이러한 인간의 본성과 반대로, 종교는 이웃을 자신과 같이 사랑하고 다른 이들의 권리를 자신의 것처럼 보호하라고 가르친다는 것을 우리 모두가 알고 있다. 하지만 우리는 또한 이것이 모든 정념의 변화를 잠재우기에는 너무 미약하다는 것을 안다.

> 해설 종교에 대한 스피노자의 생각은 『신학-정치론』에서 더욱 구체적으로 나타나는데, 그곳에서 스피노자는 종교가 하나의 '결과'라는 사실을 강조한다. 즉 종교는 인간이 더욱 이성적인 삶을 살 수 있게 하기 위해서 만들어진 것이라는 점이다. 그러나 여기서, 스피노자는 그러한 종교가 인간본성을 제압할 정도의 힘을 갖고 있지 못하다고 지적하고 있다.

진정으로 이러한 종교의 가르침은, 질병이 모든 정념들을 짓누르며 혼자서 움직일 수 없는 죽음의 순간이나 세상과의 교제가 필요 없는 절간에서나 도움이 된다. 그것을 가장 필요로 하는 법정이나 궁궐에서는 도움이 되지 못한다.

> 해설 스피노자가 종교 무용론을 주장하는 것은 아니다. 삶 속에서 진리를 드러낼 수 없는 유사종교의 한계를 비판하는 것이다. 종교가 진정으로 그 역할을 수행하며 의미를 회복하는 것에 대한 스피노자의 관심은 그의 철학에 있어서 매우 궁극적인 것이다. '신에 미친 자'라는 그에 대한 별칭은 이러한 그의 열정과 노력을 보여주는 것이라 할 수 있다.

또한 우리는 이성이 정념을 억제하고 조절하는 데 참으로 많은 것을 할 수 있다는 것을 안다. 그러나 동시에 우리는 이성이 지시하는 길이 매우 험난하다는 것을 알고 있다.[3]

> 해설 이성적으로 산다는 것의 어려움을 강조함으로써, 스피노자는 인간이 의지에 의해서 정념들을 절대적으로 지배할 수 있다고 믿는 스토아학파를 비난한다. 인간은 스스로 자신의 주인이 되기 위해서 계속된 훈련과 긴 연습을 필요로 한다. 인간은 정념을 근원에서부터 제거할 수 없으며 근원적 진리를 파괴하면서 발달한 악한 정념에 대한 저항을 통해서 모든 정념의 근원적 진리를 드러낼 수 있을 뿐이기 때문이다. 그러므로 스피노자의 문제는, 욕망을 제거하는 것이 아니라 욕망을 전환시키는 것이다.

그러므로 다중이나 정치에 마음을 빼앗긴 사람들이 이성적 명령에 따라 살도록 설득될 수 있다고 믿는 사람들은, 시의 황금기나 연극을 꿈꾸고 있음에 틀림없다.

> 해설 다중이나 정치가들은 코나투스에 따라서 자신들의 욕망으로 다른 이들을 이끌려고 하기 때문이다. 그러므로 다른 이들이 어떤 욕망으로 자신의 목적을 이루며 관계를 유지하는 지를 분간하지 못하는 자들은 순진하고 낭만적이며 비현실적이라는 평가를 받을 수밖에 없다.

6. 국가의 행복이 다른 누군가의 선한 믿음에 의지하며, 국가의 일에 참여하는 자들이 정직하게 행하지 않아서 국가의 업무가 적절하게 수행될 수 없다면, 그러한 국가는 매우 불안

---

3. 같은 책, 5장 42, 주.

정하게 될 것이다.

> 해설 국가가 의지하고 있는 어떤 사람들의 선한 마음은 바뀔 수 있으며 선하고 정직하다고 생각했던 사람들이 자신들의 욕망을 위해서 일할 수 있기 때문이다. 국가가 이렇듯 언제든지 변할 수 있는 불안정한 것에 의지해 있다면, 그 국가의 안정을 보장할 수 없다는 것은 자명하다. 그러므로 스피노자는 국가의 기초는 변하지 않는 것이어야 한다는 것을 주장하며, 그 변하지 않는 것이 법이라고 강조한다.

그러므로 국가의 영원성을 보증하기 위해서는, 공적인 업무를 집행하는 사람들이 이성에 의하든지 정념에 의하든지 간에, 불충실하거나 비열한 행동에 이끌리지 않도록 법을 제정해야 한다. 정신[4]을 가진 어떤 사람들이 국가의 업무를 바르게 운영할 수 있느냐 하는 것은, 국가의 안전에 대한 문제가 아니다. 마음의 자유나 용기는 개인적인 덕virtus인 반면, 국가의 안전은 국가의 덕에 속한 것이기 때문이다.

> 해설 현실주의적 정치가들을 옹호하는 스피노자는 제도들의 가치는 개인의 덕이나 신의와는 무관하다는 사상을 강조한다. 이것이 또한 그가 철학자들을 비판하는 근거인데, 철학자들은 국가의 결함을 그것의 본래적인 악덕이나 도착적 성향으로 이해하기 때문이다.

7. 마지막으로, 야만인이건 문명인이건 간에, 모든 사람들

---

[4] 스피노자는 멘스(mens, 정신)에 대한 데카르트의 입장을 받아들이면서, 인식론적인 측면과 정서적인 측면을 모두 포함시킨다. 정신은 유일한 정신적 실체로서, 이 안에 사고와 정서가 함께 포함된다. 특히 멘스는 『윤리학』에서 중요한 개념으로 사용된다.

은 어디서나 관습을 만들고 일종의 사회상태status civilis를 형성하는 만큼, 우리는 국가의 원인들과 자연적 기초를 알기 위해서 이성의 증거들을 찾을 것이 아니라, 인간의 공통적인 본성이나 상태로부터 그것을 파악해야 한다. 나는 이것을 다음 장에서 다루려고 한다.

> 해설 국가라는 공동체는 특별히 이성적인 사람들에 의해서 만들어지는 것이 아니다. 공동체의 형성은 코나투스라는 인간본성으로부터 연유한다. 스피노자가, 국가에 대한 이야기를 하면서 인간본성을 분석하는 것은 이 때문이다.

2

자연권에 대하여

1. 『신학-정치론』에서 우리는 자연권과 시민권을 다루었다.[1]

해설 『신학-정치론』은 20편의 논문으로 묶여져 있는데, 1~15장은 신학적 주제를 다루고 있는 논문이며 16~20장은 정치에 대한 것을 다루고 있는 논문이다. 이 부분에서는 좀 더 자세한 형태의 논증들이 전개되며 위기의 원인들과 위기를 극복할 수 있는 수단을 설득력 있게 제시하려고 노력하고 있으며 근본적으로 민주주의를 주장한다.

그리고 『윤리학』에서 잘못된 행위, 좋은 행위, 정의, 불의,[2]

---

1. *Theologico-Political Treatise*, 16장.
2. *Ethics*, 4장 37, 주 2

그리고 끝으로 인간의 자유의 특성들을 설명했다.[3] 그러나 이 책의 독자들이, 특별히 이 책과 관계가 있는 이러한 주제들을 다른 곳에서 찾지 않도록 하기 위해서, 나는 여기서 다시 그 것을 설명하고 그것들을 연역적으로 증명할 것이다.

> 해설 『정치론』이 때때로 『신학-정치론』과 모순되기도 하지만, 『신학-정치론』이 『정치론』을 보충하고 있다는 것은 부인할 수 없다. 집필된 시기와 관심에 있어서 『신학-정치론』(스피노자는 1665년 『윤리학』 집필을 잠시 중단하고 『신학-정치론』을 쓰기 시작해서 1670년에 실제로는 없는 출판사 이름으로 저자를 밝히지 않고 출판했다.)이 『정치론』의 전제이며 심지어 결론도 구성하고 있기 때문이다. 스피노자는 『신학-정치론』과 『윤리학』, 그리고 『정치론』에 이르는 과정을 통해서 민주주의 정치이론을 구축했으며 그것의 제반조건 형이상학적 수단들을 정교하게 체계화시켰다. 『신학-정치론』과 『윤리학』에 대한 기본적인 이해가 『정치론』을 이해하는 출발점이 되는 것은 이 때문이다. 그러므로 안또니오 네그리(Antonio Negri, 1933~)는 그의 책 『전복적 스피노자』에서 스피노자의 이러한 작업의 과정을 '유토피아로부터 과학으로'의 길로 명명한다. 이러한 연관 속에서 『정치론』의 1~5장에 이르는 처음 부분은 스피노자의 철학적 체계와 사고를 기반으로 정치에 대한 이론적 초석을 마련하고 있다.

2. 존재하거나 존재하지 않거나 간에, 각각의 자연물들에 대해 정의를 내릴 수 있다. 그러나 자연물들이 존재하게 된 기원이 그것들에 대한 정의로부터 추론될 수 없는 것처럼, 존

---

3. 같은 책, 2장 48, 49, 주.

재의 지속성도 그것들에 대한 정의로부터 추론될 수 없다. 자연물들이 존재하기 이전에 그랬던 것처럼, 존재한 이후에도 그것들의 관념적인 본질은 같기 때문이다. 그러므로 그것들의 존재의 처음이 그것들의 본질로부터 추론될 수 없는 것처럼, 존재의 지속성도 그러하다. 자연물들은, 그것들을 존재할 수 있도록 한 것과 같이, 그것들을 지속적으로 존재하게 할 수 있는 동일한 힘을 필요로 한다. 이로부터, 자연물들을 존재하게 하고 그것들을 작동시키는 그 힘potentia은 신 자신의 영원한 힘과 다르지 않다는 결론이 나온다. 그것들이 창조된 다른 힘이라면, 그것은 스스로 자연물들을 유지할 수 없으며, 지속적으로 존재하기 위해서 창조되는 데 필요했던 동일한 힘을 스스로 필요로 할 것이다.

> 해설 『윤리학』의 본질적인 쟁점들 중 하나는 포텐샤(potentia)와 포테스타스(potestas)의 구분이다. 스피노자에게 있어서, 포테스타스란 사물을 생산할 수 있는 능력이고 포텐샤란 현행적인 힘으로써 실존할 수 있는 원인으로서의 능동성을 지닌다. 포테스타스는 권력을 가진 자가, 그가 신이건 군주이건 간에, 그의 의지에 따라 실행되거나 실행되지 않을 수 있는 능력을 의미하는 반면, 포텐샤는 주체의 의지와 무관하게 필연적으로 작용하는 인과관계를 가리킨다. 포텐샤는 힘, 권능 등으로 번역되고, 포테스타스는 권력, 권한 등으로 번역되는데, 이 책에서는 포텐샤를 '힘'으로, 포테스타스를 '권력'으로 번역하였다. 스피노자는 그의 초기 형이상학에서 유지되고 있는 유출론적인 도식으로부터, 『윤리학』의 첫 번째 집필 당시에 이 둘을 분리시킨다. 그러나 이후에 이 둘의 이원론적인 종속관계는 없어지고 존

재를 능동적이며 급진적으로 구성해야 한다는 필연성이 대두한다. 그리고 『정치론』에서는 이러한 필연성이 권력과 힘의 역전된 관계로 나타난다. 오직 힘만이 스스로 자신을 구성함으로써 권력을 구축한다는 것이다. 『정치론』의 2장은 이러한 형이상학적 체계를 출발점으로 하여, 힘의 형이상학적 자유를 강조한다. 스피노자는 여기서, 『신학-정치론』과 『윤리학』에서 힘의 개념을 중심으로 구축했던 것을 필연적이고 자명한 것으로 증명한다.

3. 이러한 사실로부터, 자연물들을 존재하게 하고 작동하게 하는 그 힘은 신 자신의 바로 그 힘이기 때문에, 우리는 자연권이 무엇인지 쉽게 이해할 수 있다.

해설 자연권에 대한 정의는 2장 4절의 첫머리에 나와 있다. 스피노자에게 있어서, 자연권은 모든 일이 발생하는 것에 따른 자연의 법칙과 규칙, 즉 자연 자체의 힘을 의미한다. 이러한 힘은 권리와 동일한 의미를 갖는데, 권리란 주어진 조건에서 개인이 실제로 할 수 있는 것과 사고할 수 있는 모든 능력, 힘을 의미하기 때문이다.

신이 모든 것에 대해서 권리를 갖고 있고 신의 권리는 절대적으로 자유로운 것으로 생각할 수 있기 때문에, 모든 자연물은 선천적으로 그것이 존재하고 작동하도록 하는 힘을 가지고 있는 것만큼, 권리를 가지고 있다고 말할 수 있다. 모든 자연물의 자연적인 힘, 즉 자연물을 존재하게 하고 작동하게 하는 힘은 절대적인 자유인 신의 힘 외에 다름이 아니다.

해설 스피노자는 자연권 즉 자연의 힘을 신적인 힘과 또한 동일시한다. 스피노자의 이러한 체계 속에는 그의 '절대성' 개념이 내포되어 있다. 스피노자에게 있어서 '절대'의 개념은 힘의 일반적 지평으로서, 그것은 현재적으로 드러나는 것이며 또한 발전되는 것이다. 그러므로 자신을 구성하는 힘이 증가함에 따라 현실은 더욱더 복잡하게 열린다. 2장 13절에 나오는 것은 이를 뜻하는 것이다. 즉 두 개의 힘이 합쳐지면 더 많은 힘을 얻게 되고 자연에 대해서 더 많은 권리를 얻는다. 이러한 맥락에서 '절대'와 '힘'은 같은 의미를 가진다고 볼 수 있다. 절대는 고유한 본질로서의 힘이며 힘의 실현결과로서 실존이 되는 것이다. 그러므로 '절대'와 '힘'이 동일시된다면, '힘'은 또한 '자유'라는 개념과도 동일시된다. 절대성은 스스로 발전하고 스스로 유지되는 힘이기 때문이다. 구조적으로 볼 때, 『정치론』은 존재를 힘의 산물로 개념화하는 스피노자 철학의 토대를 완성시킨다고 할 수 있다.

4. 그러므로 내가 이해하는바 자연권은, 모든 일이 발생하는 것에 따른 자연의 법칙과 규칙, 말하자면 자연 자체의 힘이다. 그리고 전체 자연의 자연권과 그에 따른 모든 개개의 자연권은 그것의 힘이 미치는 한까지 확장된다.

> 해설 각 개인의 권리는 항상 자연 전체의 역량의 일부로서 개인은 자연의 나머지 부분들에 대해서 활동할 수 있다. 그러므로 자연권은 힘의 표현이며 자유의 표상인데, 이러한 이해는 물리적 노력과 삶의 욕망들을 총칭했던 이제까지의 형이상학적 힘을 재해석한 것이다.

그러므로 누구든지 자신의 본성의 법칙들에 따라서 행동한다면, 그는 최고의 자연권을 행사하는 것이며 그가 갖고 있는 힘만큼 자연에 대한 권리를 가진다.

5. 인간의 본성이 그렇기 때문에, 사람들이 이성의 단순한 명령에 따라 살아야 하며 그것과 일치하지 않는 어떤 것도 시도할 수 없다면, 이 경우, 인간에게 특별한 것으로 생각되는 자연권은 단지 이성의 힘에 따라 결정될 것이다.

> 해설 스피노자가 살았던 당대의 철학자들이 이성과 자연을 대립시키는 것과 달리, 스피노자는 인간의 삶의 발전을 지배하는 진리를 이성과 자연의 통일성 속에서 찾는다. 스피노자는 삶의 올바른 방식이 감각과 상상의 불규칙적인 유혹들을 넘어섬으로써 이루어진다는 것을 강조한다. 스피노자에게 있어서 자연은 독립적이고 저항적인 힘이 아니라 존재들이 본질적으로 근거하여 이루는 체계이기 때문이다. 그러므로 신과 자연은 절대적인 통일성을 이룬다.

그러나 인간은 이성보다 맹목적인 욕망에 의해서 더욱 많이 이끌린다. 그러므로 인간의 자연적 힘이나 자연권은 이성에 의해서가 아니라, 행동하게 하거나 그들 자신을 보존하도록 하는 모든 욕망에 의해서 제한된다.

> 해설 스피노자의 이성론과 달리, 그의 본성론은 존재의 근본 자체인 코나투스와 힘의 의지로부터 출발한다. 스피노자는 금욕, 고행, 희생을 주장하는 사상들을 비난한다. 자기 자신을 손상시키는 본성, 자기 자신을 부정하는 삶, 굴욕스러워하는 지성, 자기 자신을 마비시키는 행동과 같은 것들은 거짓이며 오류이고 부조리일 뿐이다.

나는 이성으로부터 나오지 않는 이러한 욕망들은 행위가 아니라고 생각한다. 그것들은 사람의 수동적인 정념 정도로 치부될 수 있다.

그러나 여기서 우리는 자연의 보편적인 힘이나 권리를 다루고 있기 때문에, 이성에 의해서 우리 안에 생겨난 욕망들과 다른 원인으로 생겨난 욕망들 사이의 구분을 인정할 수 없다. 전자만큼이나 후자는 자연적 결과이며 인간의 코나투스에 따른 자연적 충동을 표출한다. 학식 있는 자이든 무지한 자이든 간에, 인간은 자연의 일부이다. 그러므로 어떤 이가 행동하도록 결정하는 모든 것은 자연의 힘, 즉 이 사람이나 저 사람의 본성에 의해서 제한된 힘에 맡겨져야 한다. 이성에 의해서 인도되건 단순히 욕망에 이끌리건 간에, 인간은 자연의 법칙들과 규칙들, 즉 자연권에 따르지 않으면 어떤 것도 행하지 않는다(4장).

6. 그러나 대부분의 사람들은, 무식한 사람들이 자연의 질서를 따르기보다 방해한다고 믿으며 자연 속에 있는 인간을 국가 안에 있는 국가와 같은 것으로 생각한다.

> 해설 스피노자는 국가 안에 있는 국가가 두 개의 서로 다른 체제를 형성하는 것처럼, 자연 속에 있는 인간이 두 개의 서로 다른 체제라고 생각하는 것을 비판한다. 인간의 행위는 자연의 필연성에 따르는 것이기 때문에 인간과 자연은 분리되지 않는다.

그들은 인간의 정신이 자연적 원인에 의해서 만들어진 것이 아니라 신에 의해서 직접적으로 창조되었으며 다른 것들로부터 독립해 있다고 주장한다.

해설 스피노자가 기독교적 사유와 대립하고 있다는 것을 잊지 말아야 한다. 신과 자연 그리고 인간을 동일선상에 놓는 스피노자의 이해는 신과 인간, 신과 자연의 질적인 차이를 강조하는 기독교와 전적으로 다르다. 스피노자는 인간 존재와 모든 존재를 절대 존재 안에 흡수시켰다. 이것은 결국 절대 존재를 인간 존재 안에 용해시키는 결과를 낳았고 절대 존재를 인간에 내재적이게 만듦으로써, 기독교와 분명한 차이를 보인다.

그러므로 인간의 정신은 스스로를 결정할 수 있는 절대적인 권력과 이성을 올바르게 사용할 수 권력을 가진다는 것이다.

그러나 경험은, 우리의 권력으로는 온전한 몸만큼이나 온전한 정신을 가질 수 없다는 것을 우리에게 분명하게 가르친다. 다음으로, 모든 것들은 스스로 코나투스를 보존하도록 행동하기 때문에, 우리가 우리의 권력 안에서 맹목적인 욕망에 이끌리는 것만큼 이성의 명령에 따라 살 수 있다면, 모두가 이성에 의해 인도되고 현명하게 그들의 삶을 영위할 것이라는 점을 전혀 의심할 수 없다. 그러나 우리는 이와는 동떨어진 삶을 산다. 왜냐하면 각각의 개인은 자신의 쾌락에 매혹되기 때문이다.[4] 우리의 권력이 욕망에 이끌리는 이유를 아담과 하와의 타락에서 유래된 인간본성 안에 있는 악덕이나 죄 때문으로 결론짓는다고 하여도, 어떠한 신학자들도 이러한 어려움 [인간이 왜 이성을 따르지 못하는지 하는 문제-옮긴이]을

---

4. Virgil, *Eclogues*. 2장 65.

벗어날 수 없다. 왜냐하면 타락하는 것처럼 바르게 사는 것이 첫 번째 사람의 권력 안에 있었고 그가 그것을 의식했고 그의 본성이 나빠지지 않았다면, 어떻게 자신의 지식과 통찰력에도 불구하고 타락할 수 있었겠는가? 신학자들은 인간이 사탄에 의해 꼬임을 당하였다고 말한다. 그러면 사탄 자신을 속인 것은 누구인가? 다른 모든 지적인 피조물보다 뛰어난 존재를 미치게 하여 그가 신보다 더 큰 자가 되기를 원했던 자가 누구인가?

> 해설 천사가 타락하여 사탄이 되었다는 기독교적 신화를 언급하면서, 하나님의 선한 세상 속에 어떻게 악이 존재하게 되었는지 묻는다.

사탄이 온전한 정신을 가졌다고 가정한다면, 그는 그 정신 안에서 스스로 코나투스를 보존할 수 있지 않았을까? 더욱이 어떻게 의식이 있는 존재이며 자신의 의지의 주인인 첫 번째 사람이 길을 잃고 스스로 정신적 포로상태에 빠질 수 있었단 말인가?

> 해설 스피노자는 행복을 갈망하는 것이 인간본성이라고 생각한다. 가장 큰 과오이자 유일한 과오는 자신의 힘을 제대로 조작하지 않는 것이며 올바른 목적을 가지고 있으면서도 목적을 위한 수단을 제대로 파악하지 못하는 것이다. 그러므로 인간의 악이나 덕의 모든 책임은 인간 스스로에게 있다. 외부의 유혹에 따른 죄와 타락이라는 기독교적 이해와 달리, 스피노자가 강조하는 것은 이러한 오류를 제외하고 어떠한 악도 인간에게 존재하지 않는다는 것이다.

만약 인간이 이성을 바르게 사용할 수 있는 권력을 가지고 있었다면, 그가 속임을 당했다는 것은 불가능하다.

> 해설 스피노자는 이성의 능력을 통해서, 모든 참된 덕행들의 정당성과 부당하게 덕행으로 간주되는 악행들을 판별할 수 있는 수단을 발견할 수 있다고 믿었다.

그 권력 안에서, 그는 자신의 존재와 정신의 온전함을 유지하기 위해서 스스로 코나투스에 따라 행동했을 것이기 때문이다. 그러나 인간이 그의 권력 안에 이러한 것을 가지고 있었다는 것은 일종의 가설이다. 권력을 갖고 있었다면, 당연히 그는 그의 정신의 온전함을 유지했고 속임을 당하지 않았을 것이라는 추론이다. 그러나 인간의 역사는 그렇지 않다는 것을 보여준다. 그러므로 이성을 바르게 사용할 수 있는 것이 첫 번째 사람의 권력 안에 없었다는 것, 그도 우리와 같이 다양한 정념에 종속되어 있었다는 것을 인정해야 한다.

> 해설 데카르트에게서와 같이 스피노자에게서 강조되는 것은 개인성이다. 그의 철학은 개인을 긍정하며 개인으로부터 출발한다. 그러므로 첫 번째 사람인 아담의 특수성은 스피노자에게 설득력을 가질 수 없다. 첫 번째 사람은 다른 모든 인간과 같이, 자신의 내부에 자신의 모델을 가지고 있으며, 그의 본성과 함께 나타나는 코나투스와 행복의 필요성을 가진다.

7. 다른 존재들과 같이 인간도, 스스로 코나투스를 보존하기 위해서 행동한다는 것을 누구도 부인할 수 없다. 만약 이 점에 관하여 어떤 차이가 있다면, 그것은 인간이 자유의지를

갖고 있다는 점이다. 그러나 우리가 인간이 자유롭다고 인식하면 할수록, 인간은 당연히 그의 존재를 유지하고 그의 의식 안에 있어야 한다고 주장해야만 한다. 자유를 불확실과 혼동하지 않는 사람이라면, 누구나 나의 주장에 쉽게 동의할 것이다. 자유는 덕, 혹은 미덕이기 때문이다.

> 해설 스피노자의 철학체계의 밑바탕에는 자유의지의 부정과 필연성의 긍정이라는 두 가지 축이 있다. 이것은 당대의 논쟁적 상황을 배경으로 한다. 17세기에 일어난 자유의지 교리와 예정 교리의 대립은 로마 가톨릭과 프로테스탄트 교회를 분리시켰을 뿐 아니라 각 진영의 내부도 분리시켰다. 프랑스에서 이 논쟁은 칼뱅주의5에 대립하고 있는 얀센주의자들6과 예수회원들7의 입장 차이를 가져왔기 때문이다. 그리고 이러한 논쟁은 네덜란드에서 정통파 목사들(예정설을 주장)과 아르미니우스파(자유의지를 주장)의 대립을 초래했다. 이러한 상황 속에서 스피노자는 자유의지를 부정하지만, 신의 결정을 인간본성과 대립시키지 않으며 전체성과 필연성에 따라 파악된 자연 자체와 동일시한다. 그는, 인간이 자유롭다고 가정하는 모든 행동에 있어서 실재적인 것은 인간본성이 지닌 일시적이거나 영속적인 성향을 만족시키는 정념이며 이러한 성향에는 규정되지 않은 어떤 것도 존재하지 않는다고 말한다. 그러므로 자유의지에 대한 믿음은 욕망에

---

5. [옮긴이] 프랑스의 종교개혁자 칼뱅에게서 발단한 프로테스탄트사상으로, 하나님의 절대적 주권을 강조하며 이로부터 예정설이 나온다.
6. [옮긴이] 네덜란드의 가톨릭 신학자 코르넬리스 얀세니우스가 주창한 것으로, 당시 인문주의화된 프랑스의 기독교에 대해서 초대 기독교의 엄격한 윤리로 돌아갈 것을 주장하였다.
7. [옮긴이] 이그나티우스 데 로욜라에 의해서 만들어진 단체로, 하나님의 은혜로 구원과 덕을 추구한다.

2장 자연권에 대하여

대한 의식과 욕망을 결정하는 실재원인에 대한 무지에서 나오는 것으로, 일반적으로 사람들이 자유라고 생각하는 것은 오해에서 기인하는 것이다. 스피노자가 주장하는 것은 인간에게 자유의지가 전혀 없다고 말하는 것이 아니라, 자유란 아무것이나 임의적으로 행하는 것이 아니라 이성의 명령에 따라 행동하는 것이라는 의미이다. 자유는 덕을 위해서 혹은 덕에 거슬러서 사용할 수 있는 능력이 아니라 덕 자체이다. 인간을 자유롭게 하는 것은 인간을 덕 있게 하는 것이며 인간을 행복하게 하는 것이기 때문이다.

그러므로 인간의 자유가 인간의 연약함을 드러내는 원인이라고 말할 수 없다. 그리고 인간이 자기 마음대로 존재하지 않을 수 있는 권력이나 자기 마음대로 자신의 이성을 사용하지 않을 수 있는 권력 때문에, 인간은 자유롭다고 말할 수 없다. 오직 인간본성의 법칙에 따라 존재하고 작동하는 권력을 가지고 있는 한에서만, 인간은 자유롭다고 말할 수 있다.

해설 인간은 오직 자신의 본질에 따라 행동할 때만 덕인(德人)일 수 있기 때문이다. 그러므로 자유인은 악에 대해서는 표상조차 하지 않는다. 그는 악과 싸워 승리하기 위해서 행동하지 않는다. 악과 싸우는 경우, 그의 행동의 원리는 자신의 외부에 놓일 것이며 그의 내적인 힘에서 나오는 원리가 아니기 때문이다. 자유인은 불안과 희망에 의해서 행동하지 않고 인식에 의해서 행동한다. 자유인이 자신과 이웃들 사이에 확립하는 관계는 정념이 가지고 있는 거짓 덕행과 같은 부덕들로부터 해방된 관계이다. 그러므로 각각의 인간들은 각자의 고유한 성향을 인정하면서도 동시에 그들의 정념을 공유하지 않을 정도로 자아를 다스릴 수 있는 힘이 있어야 하며, 이러한 힘을 가지고 있는 사람을 자유인이라 한다. 그러므로 스피노자에게 있어서, 자유인이란 이성에 의해서 인도된 인간으로서 자기 자신만을 따르는 고독보다 공동체 법령에 따라 살아가는 사람이다. 자유란 이성이 정념을 제압하고 독립이 종속을 제압할 때 가능한 것이기 때문이다.

그러므로 우리가 인간이 자유롭다고 생각하면 할수록, 인간이 이성을 사용하는 것을 무시할 수 있다거나 선한 것을 좋아하면서도 악한 것을 택할 수 있다고 말할 수 없다.

> 해설 힘과 자유의 관계가 중요한 것은 이것이 스피노자의 민주주의 이해의 바탕을 이루기 때문이다. 『신학-정치론』에서 스피노자는 "국가의 목적은 실제로 자유이다"라고 말한다. 스피노자는 개인들의 자유가 어떻게 집단의 안전을 구축해야 하는지, 이러한 이행이 어떻게 정치적인 것을 전형적으로 구성하는지를 보여주고자 한다. 정치적인 것의 자율성은 집단적 주체의 자율성에 의해서만 구성될 수 있기 때문이다.

그러므로 절대적 자유 속에 존재하고 또한 당연히 이해하고 활동하는 신은 그 자신의 본성의 필연성에 따라 존재하고 이해하고 활동한다. 신이 자신이 존재하는 것과 같은 자유를 갖고 활동한다는 것은, 의심의 여지가 없기 때문이다. 그가 자신의 존재의 본성의 필연성에 따라 존재하는 것처럼, 그는 자신의 본성의 필연성에 따라 행동한다. 즉 그는 절대적으로 자유롭게 행동한다.

> 해설 스피노자는 존재론적 절대이성을 모든 것의 척도로서 선험적으로 상정한다. 절대적으로 긍정될 수 있는 것으로서 가지적(可知的)이고 내적인 힘을 통해 필연적으로 존재하는 것만이 선한 것이다. 이 선은 내적인 필연성에 의해 신의 속성들로부터 유래한 것으로, 인간

의 외부에 있지 않고 인간과 직접적으로 관련하면서 인간의 관심 대상이 되는 것이다. 인간정신의 영원한 본질은 신적 사유의 변용이기 때문이다. 그러므로 신의 본성의 필연성만이 그를 자유롭게 만드는 요소이고 그것이 선이다.

8. 그러므로 우리는, 인간의 이성을 사용하는 것과 인간의 자유의 최고점에 다다르는 것이 항상 누군가의 권력 속에 있지 않다는 결론을 내린다.

> 해설 대다수의 인간들은 그들의 감각적 욕구를 충족시킬 수 있을 때 자유롭다고 믿으며 신의 명령에 따라 살아야 할 때 그들의 권리를 포기하는 것이라고 믿는다. 그러나 스피노자는 이러한 자유에 반대하며, 자신의 정신의 꿋꿋함과 관대함에서 파생된 삶의 모든 덕행들을 스스로 인식하며 실천할 수 있을 때 자유롭다고 말한다. 꿋꿋함은 개인으로 하여금 오로지 이성의 명령에 근거하여 자신을 보존케 하는 욕망이다. 관대함은 개인으로 하여금 오로지 이성의 명령에 근거하여 타인들을 구제하고 타인들과 우정의 관계를 확립케 하는 욕망이다.

모든 사람은 늘 스스로 코나투스를 보존하기 위해서 최선을 다한다. 그리고 학식 있는 사람이든 무지한 사람이든 간에, 그가 시도하고 행하는 것은 무엇이든지, 그는 최고의 자연권을 갖고 시도하고 행한다.

> 해설 각자는 자신이 갖고 있는 힘만큼의 권리를 가지고 있기 때문이다.

모든 인간이 태어나서 살게 되는 자연의 법칙과 질서는, 어떤 사람도 원하지 않거나 할 수 없는 것을 제외하면, 아무 것도 금하지 않는다. 그리고 그것은 투쟁, 증오, 분노, 배반, 또는 일반적으로 욕망이 일으키는 모든 것들에 반대하지 않는다.

> 해설 인간은 결코 자신의 본성과 경향들에서 벗어날 수 없다. 인간은 전적으로 삶의 욕망으로 구성되며 바로 이 욕망이 그 내적 힘의 한도 내에서 욕망의 대상까지도 창출해낸다.

자연이라는 경계 내에는 인간의 진정한 이익과 보존을 추구하는 인간 이성의 법칙들만이 아니라, 인간이 원자처럼 속해 있는 전체 자연의 영원한 질서에 관계하는 다른 무수한 법칙들이 존재한다. 이 질서의 필연성에 따라서만, 모든 개개의 존재들이 정해진 방법으로 존재하고 활동할 것이 결정된다. 자연 속에 있는 것들이 우리에게 우스꽝스럽고 불합리하고, 또는 악하게 보인다면, 그것은 우리가 그것들에 대해서 부분적인 지식만을 가지고 있기 때문이다. 그리고 우리가 전체로서의 자연의 질서와 일관성에 대해서 엄청나게 무지하기 때문이다. 그리고 또한 우리가 모든 것을 우리 자신의 이성의 명령에 따라 조절하고자 원하기 때문이다.

> 해설 신은 자연을 통해서 우리에게 인지될 수 있으므로 자연이 바로 개별적 존재들로 표현된 신이라고 할 수 있다. 자연과 신의 이러한 통일성은 외적이고 추상적인 활동들의 결과가 아니라, 모든 힘들을 자신의 내부에서 조화시키고 자신이 선한 것으로 느끼는 활동을 충만하게 향유하는 이성적 정신의 결실이다. 그런데 우리가 한 부분에만 집중하여 자연이나 신을 이해하려고 한다면, 전체를 이해할 수

없다는 것은 자명하다.

그러므로 실제로 우리의 이성이 악하다고 말할 수 있더라도, 그것은 전체 자연의 질서와 법칙과 관계해서 악한 것이 아니라, 그것들과 따로 분리해서 우리 자신의 본성의 법칙과 관계해서 악한 것이다.

_{해설} 전체로서의 자연은 조화를 이루고 선을 지향한다. 그러므로 자연을 일방적으로 특징지으려고 하는 것은 헛된 일이며 삶과 인간을 오해하게 하는 요소로 작용한다.

9. 더욱이 모든 인간은 그가 다른 사람의 권위 아래 있는 한, 다른 이들에게 매우 합법적으로 의존한다. 반면, 모든 폭력을 물리치고 그에게 가해진 모든 손해를 마음의 만족으로 대신할 수 있고 일반적으로 자신의 마음에 따라 살 수 있다면, 모든 인간은 매우 독립적일 수 있다.

_{해설} 스피노자가 강조하는 모든 인간의 독립성, 즉 개인에 대한 이해는 인간을 특정한 유형으로 나누는 플라톤과 아리스토텔레스의 고대 희랍철학과 대립한다. 등급에 따라 존재들을 분류해내거나 임의적으로 존재들의 서열을 고정하는 계급과 같은 것은 스피노자의 인간이해에 나타나지 않는다. 존재한다는 사실만으로 이미 각각의 존재는 자신의 서열에서 존재하는 것이며 독립성을 보장받을 수 있다. 이것을 가능하게 하는 것이 인간의 이성이다. 그러므로 이성은 인간을 흡수하고 무로 환원시키는 인간의 적이 아니라 왜곡된 인간성을 밀폐시키고자 했던 모든 틀을 부수는 것으로서, 각각의 인간을 이성 자체라고 볼 수 있다. 근대적 개인에 대한 이해를 표출했던 데카르

트의 영향 아래, 스피노자는 개체의 일정한 우연성을 어느 정도 인정할 수밖에 없었던 고대의 관념론을 배제하고 개체의 이성적 필연성을 긍정하는 새로운 관념론을 주장한다.

10. 누군가를 속박하고 있는 사람, 혹은 누군가로부터 방어나 도망의 수단과 무기를 빼앗은 사람, 혹은 누군가에게 두려움을 불러일으키는 사람, 과거의 호의로 누군가를 자신에게 붙잡아 매놓고 예속된 사람이 자기 자신보다 예속한 자의 은혜를 즐거워하며 자기의 뜻보다 예속한 자의 정신에 따라 살게 하는 사람은, 다른 사람을 자신의 권위 아래 두고자 한다. 첫 번째 혹은 두 번째 방법으로 다른 사람들을 자신의 권위 아래 두려는 사람은, 상대방의 몸만을 가지고 있을 뿐 그의 정신은 가지지 못한다. 그러나 세 번째나 네 번째 방법으로 다른 사람을 자신의 권위 아래 두려는 사람은, 다른 사람의 몸뿐만 아니라 정신을 그에게 의존하게 만든다. 그러나 이러한 의존은 두려움이나 희망이 계속되는 한에서만 가능하다. 정념이 제거되면, 다른 이들은 독립적인 상태로 남는다.

> 해설 독립적인 존재라는 것은 인간의 고립된 상태를 의미하거나 전제하지 않는다. 오히려 스피노자에게 있어서 인간은 다른 인간과 관계 맺는 존재이며 이러한 상호의존성 때문에 독립성이 더욱 강조된다. 그러나 인간은 또한 끊임없이 다른 인간을 자신에게 종속시킴으로써 자신의 존재를 유지하려는 측면이 있기도 하다. 스피노자는 인간을 종속시키는 다양한 유형들을 통해서 진정한 의미의 독립과 종속을

지적한다.

11. 다른 사람이 그의 정신을 속이는 한에서만, 판단능력을 다른 사람에게 의존할 수 있다. 정신이 이성을 바르게 사용할 때, 정신은 독립적이라 할 수 있다. 오히려, 인간의 힘이 체력보다 정신력에 더 많이 귀속되는 한에서, 그는 가장 독립적인 사람이 될 수 있다. 그는 강한 이성의 소유자가 되며 이성에 의해서 인도되는 사람이 되기 때문이다.

해설 이성은 인식을 통해서 그 참된 원인들이 아닌 외부 원인들의 심상으로부터 정념들을 분리해내어, 정념들을 실제로 산출하고 유지하는 원리, 즉 신에게로 귀착시킨다.

그러므로 나는 인간이 이성에 인도된다면, 인간은 매우 자유로운 존재라고 정의한다. 행동을 결정하는 데 필연적으로 여러 가지 원인이 작용하겠지만, 인간은 자신의 자연적인 본성이 적절히 이해할 수 있는 그러한 원인에 따라 행동을 결정하기 때문이다. 우리가 위에서 본 것처럼(7절), 자유는 행동의 필연성을 제거하지 않고 오히려 그것을 전제하기 때문이다.

12. 어떤 사람이 합법적으로 행하지 않아도 되는 이러저러한 일들을 하겠다거나 하지 않겠다고 오직 말로만 약속할 때, 약속을 한 사람의 의지가 변하지 않는다면, 그 사람에 대한 믿음의 약속은 효력을 갖는다.

해설 스피노자에게 두 가지 인식을 구분해야 한다. 하나는 '복종 이외의 다른 대상을 갖고 있지 않은' 계시적 인식이고 다른 하나는 자연에만 관계하며 보편적인 인간 지성으로 획득할 수 있는 자연적 인식이다. 이 두 가지 인식은 각각 고유한 영역을 차지한다. 이러한 인식으로부터 나온 개인의 의견들은 자유를 보장받으며, 이로부터 사회생활의 근본적인 규칙이 나올 수 있는데, 그것은 '행위만이 소추될 수 있고 말은 처벌될 수 없다'는 것이다. 스피노자는 이것을 공법으로 규정하며 이것이 준수되는 국가가 민주정이라고 주장한다.

믿음을 저버릴 권리를 가지고 있는 사람은 단지 말로만 했기 때문에, 실제로 자신의 권리를 줄인 것이 아니다. 자신의 상황을 자연권으로 판단할 수 있는 사람이 그의 약속으로 이익보다 손해가 더 많을 것이라는 결론을 내린다면, 그것이 옳건 그르건 간에("사람은 실수 할 수 있기" 때문에), 자신의 정신의 판단에 따라 그는 약속을 깰 것인지 아닌지를 결정한다. 그리고 자연권에 의해서(9절) 그것을 파기할 것이다.

13. 만약 두 사람이 함께 하여 그들의 세력을 합친다면, 그들은 연합하여 더욱더 많은 세력을 갖고 결과적으로 그들이 서로 따로 떨어져 있을 때보다 자연에 대해 더 많은 권리를 가진다. 그리고 그들이 연합하면 할수록, 그들 모두는 전체적으로 더 많은 권리를 가질 것이다.

해설 어떤 개인이 독립적이라는 사실은 제약 없이 자신의 행위를 결정할 수 있거나 자신의 고유한 권리를 가진다는 것을 의미한다. 그리고 이러한 독립적 상태는 개인이 다른 존재의 권리에 종속적이라는 사실과 대립된다. 그러나 신만이 절대적으로 독립적일 수 있기 때문에, 실제로 인간은 의존과 독립의 조합 속에 관계를 형성한다. 모든 인간들은 다른 인간들과 의존하면서 자신의 개체성을 긍정하게 된다. 그러나 자연상태는 개별적 힘들이 실천적으로 양립불가능하게 되는 극단적인 상황으로, 본성상 살아갈 수 없는 곳이다. 그러므로 다른 사람의 권력에 의존하고 종속되는 것은 어느 정도 개체성을 보존하고 긍정하기 위한 실천적 조건이 될 수도 있다. 그러므로 서로 보태거나 증대시키는 힘들을 표현하는 권리들은 서로 양립가능하며, 이로써 이중적 권리 또는 새로운 힘이 구성된다. 역으로 말하자면, 서로를 파괴하는 힘들에 상응하는 권리들은 양립불가능하다.

14. 인간들이 분노, 시기, 증오를 내포하는 정념들로 고통을 당하는 한, 그들은 산산이 흩어지게 되고 서로에게 대립하게 된다. 그리고 그들은 다른 동물들보다 더 권력이 많고 교활하고 비열하기 때문에, 훨씬 더 두려운 존재가 된다. 인간들은 이러한 정념의 변화를 벗어날 수 없기 때문에(1장 5절), 본성상 인간들은 서로 적이 된다. 인간은 나의 가장 큰 적이 되어서, 나는 그를 매우 두려워하고 그에 반反하여 나를 지켜야만 한다.

해설 정념은 자신을 보존하는 개인의 힘을 표현하는 것이 아니라 외부원인들에 대한 개인의 상대적 충족을 표현한다. 그러므로 정념에 종속된 한에서 인간은 무능력, 즉 부정만을 공통적으로 가진다. 개개의 인간이 자신의 정념을 실현하는 한, 공동체 전체를 악으로 밀어 넣는 결과를 초래하기 때문이다. 이는 인간이 고립된 존재가 아니라는 것을 반증하는 것이기도 하다. 그러므로 정념은 한편으로 단순한 정념의 표출이 아니라 인간의 사회적 관계를 드러내는 것이기도 하다. 이렇듯 자연상태에 있는 관계는 개별적 힘들이 실천적으로 양립 불가능하게 되는 극단적 상황을 전제한다. 이러한 상황에서 각 개체는 전면적으로 종속되어 있으며 개체들의 독립은 생각할 수 없다. 즉 자연상태란 개체성이 위협받는 상황이라 할 수 있다.

15. 그러나 자연상태에서 서로 독립해 있는 한(6절), 그는 다른 사람이 가하는 억압에 대해서 자신을 보호할 수 있다. 한 사람이 모든 사람에 대항해서 자신을 지키려고 노력하는 것은 헛된 일이다. 그러므로 인간의 자연권이 각각 개인의 힘에 의해 결정되고 그것이 모든 사람들에게 속해 있다면, 그것을 선하게 만들 수 있다는 확신을 가질 수 없다. 그것은 현실이 아니라 생각 속에 존재하는 가공적인 것이 되기 때문이다. 각각의 개인이 힘을 더 적게 갖고 또한 필연적으로 그가 소유하는 권리가 더 적어질수록 두려움의 원인들이 더 커진다는 것이 분명하다.

> 해설 힘이 적어진다는 것은 상대적으로 더 많이 종속된다는 것을 의미하며, 이는 자신이 종속된 대상에 대한 두려움의 증가를 함의한다.

서로의 도움 없이 인간은 삶을 지탱할 수 없으며 정신을 배양할 수 없다는 것을 이에 덧붙여야 한다.

> 해설 서로를 향한 도움은, 다른 이들의 독립성을 침해하지 않으면서 공동의 목표를 확장시켜나가게 한다. 이러한 도움은 모든 인간들이

공통적으로 지닌 진리를 바탕으로 할 때 가능하며, 이때 인간은 더욱 가치 있는 일을 할 수 있다.

그러므로 우리는, 인간들이 거주하며 경작하는 땅의 소유를 지키고 스스로를 보호하고 온갖 폭력을 물리치고 모든 사람들의 공동의 판단에 따라 살게 하기 위해서, 인간들이 한 몸으로서의 권리를 갖고 연합하는 것만이 인간이 누릴 수 있는 특별한 자연권이 될 수 있다는 결론을 내린다. 함께 연합하면 할수록(18절), 그들이 집단적으로 소유하는 권리는 더욱 더 많아진다.

> 해설 보편적으로 주어진 것으로서 개인의 자연권은 사회적 적대관계를 관통하며 스스로를 공권으로 정립시킨다. 스피노자는, 시장에 대한 그리고 국가에 의해서 존속되고 변형되는 방식으로 조절을 받는 시민사회에 대한 부르주아적 개념화의 본질적 형상인 사회계약사상에 반대한다. 홉스에 의해서 주창된 사회계약사상은, 시민들이 자신들의 권리를 포기하고 주권을 국가에 넘김으로써 평화가 이루어진다고 주장한다. 주권이 있는 국가에서 시민들은 국가에 저항할 수 없으며 저항은 시민의 권리 밖에서만 이루어진다. 이러한 홉스의 주장은 결국 주권의 힘을 절대 왕권 혹은 일부 소수자 그룹에 넘기는 것으로 마무리됨으로써, 부르주아적으로 개념화된다. 이러한 사회계약사상에 반하여, 스피노자는 여기서 '계약' 대신에 '연합'을 통해서 집단성에 관한 방법을 도입한다. 이는 다중이 제헌적인 힘이 되는 것이다.

이것이 철학자들이 인간을 사회적 동물이라고 부른 이유라면 — 자연상태에 있는 사람은 독립적일 수 없기 때문에 — 나는 이에 대해서 이의를 제기하지 않겠다.

16. 사람들이 공동의 권리를 갖고 그들 모두가 하나의 정신으로 인도되는 만큼, 다른 사람들이 집단적으로 더 많은 힘을 가질수록 각각의 개인들은 권리를 더 적게 갖게 된다는 것은 확실하다(13절). 사실상, 그는 공공의 법이 그에게 허락하는 것을 제외하면 자연에 대해서 어떤 권리도 갖지 않는다. 그리고 그는, 공동으로 동의하는 것에 따라 지시된 것을 행해야 할 의무가 있거나 혹은 합법적으로 강요당할 것이다(4절).

> 해설 여기서 개인의 권리와 국가의 권리는 반비례하는 듯하지만, 궁극적으로 스피노자가 지향하는 이성적 상태는 개인과 국가의 권리를 비례시키는 것이다. 이로써, 강조하는 것은 입헌국가와 법실증주의의 틀이라고 할 수 있다. 공법권이 정의와 불의를 결정하며 합법과 불법을 결정하기 때문이다. 물론 이러한 용어들은 현대적 의미의 공법과는 차이가 있다. 현대적 의미와 달리 스피노자에게 있어서, 국가의 중심성이나 최고 권한으로서의 주권은 전제되지 않으며 그것들이 법이나 입헌제도보다 앞서지 않는다.

17. 다중의 힘에 의해서 결정되는 이 권리는 일반적으로 통치권이라 불린다. 일반적으로 말하건대, 통치권은 공동의 동의에 의해서 국가적 업무들을 — 법률제정, 법률해석, 법률폐지, 도시방어, 전쟁과 평화에 대한 결정 등등 — 위탁받은 사람들이 장악한다. 그러나 만약 이러한 책임이 일반 다중으로 구성

된 의회에 속한다면, 이러한 통치를 민주정이라 부른다. 만약 이 의회가 몇몇의 선택된 사람에 의해서 구성된다면, 그것은 귀족정이 된다. 마지막으로, 국가적 업무를 담당하는 것과 그에 따른 통치권이 한 사람에게 집중된다면, 그것은 군주정이라는 이름을 얻는다.

18. 우리가 이 장에서 입증한 것으로부터, 자연상태에서 불법을 행한다는 것은 불가능하다는 것이 확실해졌다. 혹은 누군가가 불법을 행한다면, 그것은 다른 사람이 아니라 자신에게 한 것이다.

해설 자연상태에서는 모든 인간은 서로에게 종속되어 있고 독립적인 개체를 생각할 수 없으므로, 다른 이들에게 행한 악은 곧 자신에게 행한 것이라는 결론이 나온다.

만약 그가 택한 것이 아니라면, 자연법에 따라 누구도 다른 사람을 만족시킬 의무가 없으며, 자신의 생각으로 스스로 그렇게 말하지 않았다면, 좋든 나쁘든 결정할 필요가 없기 때문이다. 일반적으로 말하건대, 모든 이들의 권력을 넘어서는 것을 제외하고, 자연법은 어떤 것도 금하지 않는다(5절과 8절).

해설 자연법이 옹호하고 있는 것은 개인의 자유이다. 여기서 스피노자가 말하는 자유는 이성으로 정념을 제압하고 독립적으로 종속을 벗어나는 것이다. 정념은 이성에 대해서 배타적이며 그것을 파괴하지만, 이성은 모든 정념을 파괴하지 않는다. 이성은 정념을 지배하는 상위의 힘을 의미한다. 그러므로 이성은 개체의 독립과 종속, 즉 자유와 밀접한 관계를 맺고 있으며 이것이 자연권 안에 포함되어있다. 스피노자가 자연권을 강조하고 있다고 하더라도, 스피노자가 자연권의 초월적 양도를 긍정하는 것은 아니다. 그러므로 오직 집단적으로 표명된 힘만이 합법화 과정을 결정할 수 있다.

그러나 불법은 법적으로 용인될 수 없는 행위이다. 만약 자연의 질서를 따르는 사람들이 이성으로 인도될 의무가 있다면, 모든 필연성도 그로부터 인도될 것이다. 자연의 질서는, 신이 자유롭게 존재하는 것처럼, 신이 자유롭게 만들었던 신의 질서이기 때문에(2, 3절), 그것은 거룩한 자연의 필연성으로부터 나오며(7절) 결과적으로 영원하고 깨질 수 없다. 그러나 인간은 대체로 이성이 아니라 욕망에 이끌린다. 이러한 사실에도 불구하고, 인간은 자연의 질서를 방해하지 않고 필연적으로 그것을 따른다. 그러므로 무지하고 정신이 허약한 사람이 자신의 삶을 현명하게 영위하기 위해서 자연법에 대해서 의무를 갖고 있지 않는 것은, 몸이 약한 사람이 몸의 건강에 의무를 갖고 있지 않는 것과 같다.

19. 그러므로 국가 아래에 있을 때를 제외하고는 불법을 행하는 것을 상상할 수 없다.

해설 『정치론』은 국가의 코나투스에 대한 이론을 다룬다. 이는 스피노자가 『정치론』에서 개인과 국가를 유비시키기 때문이다. 개인의 가장 근본적인 본성이 코나투스인 것처럼 국가의 기본적인 특성도 코나투스를 목적으로 한다. 개인의 코나투스를 위해서 이성에 인도를 받아야 하는 것처럼, 국가는 코나투스를 위해서 이성, 즉 법에 인도를 받아야 한다. 이성과 법이 작용하는 한에서만 '불법'이라는 것이 말해질 수 있다.

즉 국가 전체에 대한 공동의 권리에 의해 무엇이 선이고 무엇이 악인지가 결정되는 곳에서, 누구도 공동의 법령에 따라 행하지 않고서는 합법적으로 행할 수 없는 곳에서, 불법을 상상할 수 있다(16절). 18절에서 이야기했던 것처럼, 법적으로 용인될 수 없는 것, 또는 법에 의해서 금지된 것이 불법행위이기 때문이다. 그러므로 복종은, 법이 옳다고 한 것과 공동의 법령으로 의무화된 것을 실행하려는 변하지 않는 의지이다.

20. 그러나 우리는 온전한 이성의 결정에 반대하여 행동하는 것을 죄로 부르는 것과 이성의 명령에 따라 욕망을 완화하기 위한 변하지 않는 의지를 복종이라고 부르는 데 익숙해 있다. 인간의 자유는 욕망에 대한 허락이며 예속은 이성의 지배에 들어가는 것이라고 말한다면, 나는 이에 전적으로 동의한다. 그러나 인간의 자유가 크면 클수록, 인간은 이성에 의해서 더 많은 인도를 받을 수 있고 그의 욕망을 더 잘 조절할 수 있다. 그렇기 때문에 우리는 이성적인 삶을 복종이라고 말할 수 없고, 스스로를 거슬려서 명하는 정신의 자유―사실상

정신의 연약함을 행동으로 옮기는 것—를 불법이라고 말할 수 없다. 오히려 우리들은 그것을 자유보다 노예상태라고 부른다 (7절과 11절).

> 해설 자유는 무엇이든지 마음대로 하는 것이라는 주장은 결국 자유를 정념과 연결시키는 것이며 결과적으로 인간을 예속적으로 만든다. 그러므로 스피노자는 자유에 대한 이러한 이해에 반대하며, 자유를 전적으로 이성과 연결시킨다. 사회적 관계 속에서 자기 자신의 결정만으로 행동할 권리를 포기한다고 할 때에도, 그것은 추론하고 판단하는 것까지 포기하는 것을 의미하지 않는다. 그러므로 그러한 행위를 무조건 예속이나 복종이라는 말로 나타낼 수 없다.

21. 이성은, 국가 내에서 행해질 수 있는 경건한 삶의 실천과 침착하고 관대한 영혼의 소유를 사람들에게 가르친다. 더 나아가, 이성의 명령에 따라 제정된 법을 가지고 있지 않다면, 국가 내에서 요구되는 것처럼, 다중이 하나의 정신에 의해서 인도되는 것은 불가능하다.

> 해설 기본적인 본성인 코나투스는 새로운 질서, 즉 이성의 질서로 전도되면서 강화되고 해방된다. 코나투스는 자신을 구성하고 있는 요소들을 이성을 통해서 견고한 통일성 아래 조직하기 때문이다. 그러므로 코나투스는 사물들의 힘인 타당하지 않은 관념들을 자신의 고유한 힘인 타당한 관념으로 변형시킨다.

그러므로 국가 내에 사는 것에 익숙한 사람들이, 불법행위를 이성의 판결에 반하여 행동하는 것으로 이해할 때, 그들은 그 단어를 정당하게 사용하고 있는 것이다. 왜냐하면 가장 훌륭한 국가의 법률은 이성이 지시하는 것에 따라 만들어져야 하기 때문이다. 그러나 만약 인간이 자연상태에서 잘못을 행한다면, 그것은 자신에 반하여 행하는 것이라는 나의 주장에 관해서(18절)는 4장 4절과 5절을 참조하라. 그곳에서, 우리가 통치권을 장악하고 자연권을 소유한 사람이 법에 종속되어 있고 잘못을 행할 수 있다는 것을 어떤 의미에서 말하고 있는지를 다루고 있다.

> 해설 스피노자는 국가 자체를 하나의 개체, 즉 하나의 신체와 하나의 정신 또는 사고를 갖고 있는 개인에 유비시킨다.

22. 종교에 관한 한, 인간이 신을 전적으로 사랑하고 신실한 마음으로 그를 예배할 때, 인간이 가장 자유롭고 자신에게 가장 성실한 상태라는 것은 더욱 분명하다. 그러나 우리가 이해하지 못하는 자연의 질서가 아니라 이성 — 종교를 존중하는 — 의 명령만을 고려한다며, 말하자면 이러한 명령들이 우리 안에 있는 신에 의해서 우리에게 계시된다거나 율법처럼 예언자에게 계시된다는 것을 염두에 두어야 한다. 그러므로 인간적으로 말하자면, 인간이 신에게 신실하게 경배할 때 신에게 복종하는 것이지만, 그가 맹목적인 욕망에 인도된다면, 죄를 짓는 것이라고 말할 수 있다.

> 해설 모든 관념이 신에 대한 긍정을 포함하고 있듯이 모든 욕망은 신에 대한 사랑을 포함하고 있다. 다만 인간이 정념 속에 가지고 있는

신에 대한 사랑은 개별적이고 감각적인 존재들을 숭배하는 것으로, 종교를 미신으로 만드는 퇴화된 사랑이다. 스피노자는 이러한 맥락에서 종교와 미신을 구분하며 종교를 미신으로 둔갑시킨 당대의 상황을 비판한다. 스피노자에게 있어서 신은 이성의 순수한 영역 안에서만 설명될 수 있기 때문이다. 그러므로 그는 신에 대한 사랑이 완전한 구원이며, 아무런 다른 마음 없이 신을 사랑하는 사람만이 오류를 범하지 않는다고 말한다.

그러나 동시에, 같은 덩어리이지만 어떤 것은 귀하게 사용되는 그릇으로 만들고 어떤 것은 잡동사니 같은 것으로 만드는 주인에게 속해 있는 질그릇처럼, 우리가 신의 권위에 속해 있다는 것을 기억해야 한다.[8] 참으로, 인간은 자신의 마음이나 예언자들의 마음에 새겨진 율법과 같은 신의 법에 반해서 행동할 수 있다. 그러나 자연 전체에 쓰이고 전체로서의 자연의 질서에 관계된 신의 영원한 법에 반해서 어떤 것도 할 수 없다.

해설 스피노자에게 있어서 자연과 신은 하나의 동일한 존재이다. 신의 속성들은 자연의 본질적 존재들의 유형이다. 신은 무한히 많은 속성들을 가지고 있지만, 신의 실재는 자연 내에 있는 가지적인 것에 의해서 구성된다. 그러므로 신은 인식 가능한 존재들의 통일성으로 이해된 자연과 동일하다. 범신론이라는 명칭은 후대에 붙여진 것이기는 하지만, 신과 세계/자연과의 연결을 주장하는 이전의 이론들이 있었음은 분명하다. 그러나 이러한 신 이해는 유대인이었으며 기

---

8. *Romans*, 9장 21.

독교적인 신 이해의 세계 속에 살고 있던 스피노자를 당대의 이방인으로 남게 만들었다. 이로 인해 암스테르담의 포르투갈계 유대인 공동체에서 태어난 스피노자는 1656년 유대인 공동체에서 파문당했다.

23. 엄격한 의미에서, 불법행위와 복종, 정의와 불의는 국가 안에서만 상상할 수 있는 것이다. 다른 사람의 것이 아니라 이 사람의 것이라 말할 수 있는 어떤 것도 자연은 갖고 있지 않기 때문이다. 자연 아래에서 모든 것은 모든 사람에게 속해 있다. 즉, 모든 사람들이 각각 그것을 요구할 수 있는 권리를 가지고 있다. 그러나 이러한 사람에게 속한 것을 결정하는 공동의 법이 지배하는 국가 아래서, 모든 사람에게 그 자신의 것을 주려는 한결같은 의지를 갖고 있는 사람을 정의로운 자라고 하며, 반대로 다른 사람에게 속한 것을 자신의 것으로 만들려고 노력하는 사람을 불의한 자라고 한다.

24. 그러나 칭찬과 비난은 『윤리학』에서 설명한 것처럼, 인간의 장점과 약점이라는 관념을 동반하는, 기쁨이나 슬픔과 같은 정념이다.

3

최고 권력의 권리에 대하여

1. 어떤 통치 하에 있는 상태를 사회상태라고 한다. 통치에 종속된 전체적인 몸을 국가civitas라 부른다. 국가를 장악하고 있는 사람의 지배에 포함되어 있는 통치권imperium의 일반적인 사무를 국가적 업무respublica라고 한다.

> 해설 스피노자는 국가를 나타내는 말로 임페리움(imperium)과 키비타스(civitas), 레스푸블리카(respublica)를 사용한다. 에티엔 발리바르는 『스피노자와 정치』에서 이 용어들을 다음과 같이 설명한다 : 임페리움이 있는 상태는 사회상태를 나타내며, 임페리움의 몸 전체를 키비타스라 하고 임페리움의 공통의 업무를 레스푸블리카라고 한다. 이 책에서는 레스푸블리카를 국가적 업무로, 키비타스를 국가로, 임페리움을 국가 혹은 통치권/지배로, 번역하였다.

다음으로, 사람들이 국가의 법으로 국가의 모든 이익을 누린다면, 그들을 시민이라고 부른다. 그리고 그들이 국가의 질서와 법을 준수하도록 묶여진 한에서, 그들을 신민臣民이라고 부른다. 마지막으로, 우리가 이미 사회상태에 대해서 말한 바와 같이, 국가에는 다음과 같이 세 가지 종류가 있다 : 민주정, 귀족정, 군주정(2장 17절). 이러한 것들을 각각 따로 다루기 전에, 이제 우선 일반적으로 사회상태의 모든 특징들을 추론해 보고자 한다. 가장 먼저, 국가의 최고 권리, 혹은 최고 권력의 권리에 대한 것을 다루고자 한다.

2. 2장 15절에서, 최고 권력의 권리는 단순한 자연권 외에 다름이 아니라는 것을 강조하였다. 그것은 각각의 개인이 아니라 하나의 정신으로 인도되는 다중의 힘에 의해서 제한된다. 즉, 자연상태에 있는 각각의 개인들이 힘을 가진 만큼 권리를 갖고 있는 것처럼, 국가의 몸과 정신도 그러하다. 그러므로 각각의 시민이나 신민이 더 적은 힘을 가지면 가질수록, 국가는 개인을 능가하는 더 많은 힘을 갖게 되며(2장 16절), 결과적으로 시민은 국가가 지지하는 공동의 법령에 의한 것 외에는 아무것도 갖지 못하며 행하지 못한다.

3. 만약 국가가 누군가에게 자신의 마음대로 할 수 있는

권리와 권한을 준다면(권한을 주지 않으면 말로만 하는 격이 된다. 2장 12절), 그렇게 행함으로써 국가는 자신의 권리를 포기하며 그와 같은 권한을 주었던 자에게 권리를 건네주게 된다. 그러나 만약 국가가 이러한 권력을 두 사람 혹은 그 이상의 사람에게 준다면, 그렇게 함으로써 각각 자신의 마음대로 할 수 있는 권력들은 국가를 나누게 된다. 마지막으로, 국가가 같은 권한을 모든 사람에게 준다면, 국가는 스스로 파괴되고 어떤 형태로도 남아나지 않으며, 모든 것은 자연상태로 돌아간다. 이 모든 것은 이미 앞에서 분명히 지적했다.

> 해설 여기서 언급된 마음대로 할 수 있는 권력은 종종 자유라는 것으로 오해되지만, 스피노자는 그것을 진정한 자유로 보지 않는다. 그것은 오히려 개인과 국가에게 불행한 결과만을 초래할 뿐인 거짓 자유이다.

그러므로 국가의 법령이 모든 시민들을 자기들 멋대로 살게 하는 것을 상상할 수 없으며, 따라서 스스로 자신의 재판관이 되는 이러한 자연권은 사회상태에서 사라져야 한다.

> 해설 국가는 필연적으로 개인의 권리를 축소시킬 수밖에 없지만, 그것은 또한 궁극적으로 개인의 권리를 보장하고 확장시킬 수 있는 전제이기도 하다.

내가 특히 "국가의 법령"이라고 한 것은, 자연권의 문제를 바르게 파악한다면, 모든 사람의 자연권은 사회상태에서도 지속되기 때문이다.

해설 사회계약론에서는 신민들이 자유를 포기하는 대신 양도를 통해서 통치권을 구성한다. 자유의 포기와 반대로 신민들은 자연권으로부터 법적인 권리로 전환된 형태의 자유와 권리를 새롭게 부여받는다. 그러나 계약론을 반대하는 스피노자는 '전적으로 절대적'이라는 개념을 통해서 자유와 절대성을 양립시키고자 한다. 스피노자에게 있어서 절대의 개념은 힘의 일반적 지평이기 때문이다.

자연상태이거나 사회상태이거나 모두, 인간은 자신의 본성의 법에 따라 행하며 자신의 이익에 관심을 가진다. 어느 상태에 있든지 인간은 이것이나 저것을 할 것인가 말 것인가에 대한 두려움이나 희망에 이끌린다.

그러나 사회상태에서는 모든 사람이 같은 것을 두려워하며 삶의 안전과 방식에 있어서 같은 근거를 갖는다는 면에서, 이 두 상태는 중요한 차이를 드러낸다.

해설 인간과 국가를 유비시키고 있는 스피노자는 인간의 본성인 코나투스를 국가에도 동일하게 적용시킨다. 이 경우, 개인의 코나투스와 국가의 코나투스가 서로 대립될 때도 있지만, 국가의 코나투스에 개인의 코나투스를 맞출 때, 개인도 궁극적인 이익을 얻을 수 있다. 개인에게 국가에 대한 복종을 요구하는 것은 이 때문이다.

그러나 이것은 확실히 개인의 판단능력을 무시하는 것이 아니다. 국가의 힘에 대한 두려움 때문이건 평화에 대한 사랑 때문이건 간에, 국가의 모든 질서에 복종하려는 사람은 자신의 마음이 원하는 바에 따라 자신의 안전과 이익에 관심을 가진다.

4. 더욱이 우리는, 모든 시민들이 국가의 법령이나 법률을 해석할 수 있다고 생각하지 않는다. 모든 시민이 이러한 일을 할 수 있다면, 그는 자신의 심판관이 될 것이다. 각각의 사람들은 자신이 행동할 권리에 대해서 쉽게 핑계를 댈 수 있을 것이기 때문이다. 이것은 3절에서 이야기한 것과 모순된다.

5. 모든 시민들은 자신들에게 의존하는 것이 아니라 모든 명령을 실행하도록 속박하는 국가에 의존해 있으며, 무엇이 정당하고 부당한지, 무엇이 정의이고 불의인지를 결정할 권리를 가지고 있지 않다. 그러나 반대로, 말하자면 국가라는 몸이 하나의 정신에 의해서 인도되고 결과적으로 국가의 의지가 모든 사람의 의지가 되도록 해야 하는 것처럼, 모든 개인은 국가가 결정하는 정의正義와 선善에 동의해야 한다. 그러므로 신민이 국가의 결정이 부당하다고 생각하더라도, 그는 그 결정을 실행해야 할 의무에서 벗어나지 못한다.

해설 복종 혹은 의존은 매우 기본적인 사회관계이며, 국가의 역사란 결국 국가에 대한 신민의 복종의 역사라 할 수 있다. 스피노자에게 있어서 복종이 가능하기 위해서, 복종을 명하는 주체는 가능한 한 거대한 힘을 가져야 한다. 국가가 절대적인 힘을 가져야 한다고 말하는 것은 이 때문이다. 명령하는 주체가 절대적인 존재로 상상될 때, 그 명령은 효력을 가질 수 있다. 명령의 주체가 절대권력 혹은 자유를 가지고 있다면, 그에 대한 복종에서 생겨나는 선과 악에 대한 책임을 그에게 돌릴 수 있기 때문이다. 다른 이의 자유/절대권력에 대한 상상이 그에 대한 복종을 정당화한다는 이러한 논리는 종교적 효과들에도 동일하게 적용될 수 있다. 신의 절대권력은 신에 대한 인간의 복종을 불러일으키기 때문이다. 그러나 『정치론』에서 반복되는 자유와 복종의 이러한 관계에는 변증법이 작용한다. 이성이 있는 자는 자유로운 존재인 반면, 또한 국가에 복종해야 하는 존재이기 때문이다. 절대권력을 갖고 있는 국가는 그것으로 자신을 보존할 자유가 있지만, 국가가 영속하고 평화를 유지하기 위해서는 개인의 자유를 보장해야 한다. 그러므로 자유와 복종은 일종의 긴장관계를 이루며 이성의 인도를 받는 개인과 국가의 평화를 이룩하는 축이다.

6. (이에 대한 반대가 있을 수 있다.) 다른 사람의 판단에 스스로를 전적으로 종속시키는 것은 이성의 명령과 반대되는 것이 아닌가? 그렇다면 사회상태는 이성과 양립할 수 있는가? 이에 대해서, 사회상태는 비합리적인 것이며 이성이 결핍된 사람들, 이성의 인도를 전혀 받을 수 없는 사람들만이 국가를 만들 것이라는 결론을 내릴 수 있다. 그러나 이성은 자연에 반하는 어떤 것도 가르치지 않기 때문에, 온전한 이성은 사람들이 정념의 변화에 종속되어 있을 때는 독립적인 존재가 되도록 명령할 수 없다(2장 15절). 즉 이성은 그러한 독립에 반하여 명령한다(1장 5절). 더욱이 이성이 평화를 추구하도록 가르친다고 하더라도, 국가의 공동의 법이 깨진다면, 평화는 유지되지 못한다. 그러므로 사람들이 이성의 인도를 받으면

받을수록, 즉(2장 2절) 그가 자유로우면 자유로울수록, 그는 언제나 국가의 법을 더 잘 지키고 그가 속해 있는 최고 권력의 명령을 더 잘 준수할 것이다.

> 해설 『정치론』에는 자유와 복종, 개인과 국가와 같이 서로 대립되는 듯이 보이는 관계들이 나오는데, 스피노자는 이성이라는 우산 아래서 복종이 최대의 자유를 보장하며 국가의 보존이 개인의 보존을 보장한다는 상관관계를 만들어낸다. 코나투스를 갖고 있는 개개의 인간들은 그들의 권리를 평등하게 해줄 어떤 힘을 필요로 하며 국가의 법이 그러한 기능을 하기 때문이다. 그러므로 최고 권력을 통한 국가의 법은 신민들을 복종하도록 만들 수 있는 능력 이상으로 확장되지 않는다. 이 때문에, 법을 지키는 것은 자신의 권리를 확장시키는 것이 될 수 있다.

더욱이 사회상태는 자연적으로 공동의 두려움을 없애고 공동의 어려움을 방지하고 무엇보다도 이성에 인도되는 모든 사람들이 노력하는 — 자연상태에서는 그것이 헛된 것이 되었지만 (2장 15절) — 모든 목적을 이루도록 제정된다. 만약 이성에 인도되는 사람이 때로 이성과 모순되는 것을 국가의 질서 때문에 행해야 한다면, 그 손해는 국가의 존재로부터 얻는 이익으로 상쇄된다. 두 개의 악 중에 더 적은 것을 택하는 것이 이성 자체의 법칙이다.

> 해설 여기서 전제되는 것은 국가의 이성적 상태이다.

그러므로 우리는 국가의 법이 요구하는 것을 행하는 한, 누구도 자신의 이성의 명령에 반하여 행동하지 않는다고 말할 수 있다. 국가의 힘과 권리가 어디까지 확장될 수 있는가를 설명한다면, 이에 대해서 더 쉽게 동의할 수 있을 것이다.

7. 무엇보다도, 자연상태에서 이성에 의해서 인도되는 사람이 가장 힘이 있고 가장 독립적인 사람인 것처럼, 이성에 의해서 세워지고 인도되는 국가가 가장 힘이 있고 독립적인 존재가 될 것이라는 점을 고려해야 한다. 국가의 권리는 하나의 정신에 의해서 인도되는 다중의 힘에 의해서 결정되기 때문이다. 그러나 국가가 모든 사람의 이익을 위해서 온전한 이성이 가르치는 목적을 추구하지 않는다면, 정신의 이러한 통합을 어떤 방법으로도 생각할 수 없다.

> 해설 국가가 이성적으로 인도되지 않는다면, 국가는 이성적인 개인과 충돌할 수밖에 없다. 스피노자가 이야기하는 복종은 이러한 국가에는 적용되지 않는다.

8. 두 번째로, 신민들이 국가의 힘이나 위협을 두려워할 때나 사회상태를 사랑할 때, 그들은 스스로에게가 아니라 국가에 의존하고 있다는 점을 고려해야 한다(2장 10절). 그러나 보상이나 위협 때문에 행동하도록 설득될 수 없는 일들은 국가의 권리에 속하지 않는다.

> 해설 국가와 개인의 관계가 필연적인 상호성을 갖고 있다고 하더라도, 이성을 따르는 개개의 인간에게 요구되는 것은 언제나 독립성이

다. 이성적인 국가란 인간의 이러한 독립성을 보장할 수 있어야 한 다. 그러나 정념에 따라 인도되는 국가는 인간을 국가에 의존하게 만들고 인간으로 하여금 독립성을 상실하여 이성이 아니라 정념에 이끌리게 한다. 이때 사용되는 것이 보상이나 위협이다. 국가는 보상을 미끼로 하거나 위협하여 두려움을 자극함으로써 개인이 국가에 복종하고 의존하게 만든다. 그러나 보상이나 위협으로 인간의 본성과 진리를 바꾸려고 하는 것은 국가권력에 속하지 않는다. 그것은 국가의 힘을 넘어서는 것이다.

예를 들면, 판단능력으로서의 이성을 가진 사람은 다른 사람의 권력에 의존하지 않는다. 어떤 보상이나 위협이 다음과 같은 것들을 과연 믿게 할 수 있겠는가? : 즉 부분이 전체보다 더 크다든가, 신이 존재하지 않는다든가, 유한하게 보이는 무한한 존재가 있다든가, 또는 일반적으로 그의 감각이나 생각에 반대되는 어떤 것들에 대해서. 또한 역시, 어떤 보상이나 위협이 미워하는 사람을 사랑하거나 사랑하는 사람을 미워하게 할 수 있겠는가?

> 해설 이러한 물음은 기본적으로 독립적이고 이성적인 인간의 상태를 전제로 한다.

이에 더하여, 어떤 보상이나 위협으로도 설득될 수 없는 것으로, 인간의 본성에 어긋나는 다음과 같은 일들을 언급해야겠다. 악한 것을 실제로 보다 더 악하게 여긴다든지, 자신에게 불리한 증언을 한다든지, 스스로를 고문한다든지, 자신의 부모를 죽인다든지, 죽음을 피하기 위해서 어떤 노력도 하지 않는다든지와 같은 것들 말이다. 그럼에도 우리가, 국가는 그러한 일을 명령할 권리나 권한을 가지고 있다고 말한다면, 그것은 사람이 미치거나 어리석게 되는 권리를 가지고 있다고 말하는 것과 같은 의미라고 생각할 수 있다.

> 해설 좋은 국가는 인간의 본성에 배치되는 일을 하지 말아야 한다. 국가는 그러한 권한을 갖고 있지 않다. 현재, 국가권력에 의해서 자행되는 악행을 보면 스피노자의 이러한 입장은 매우 낙관적인 생각이라고 할 수 있지만, 스피노자는 이를 통해서 국가의 당위성과 필연성을 강조하고자 한다.

누구도 속박할 수 없는 그러한 권리는 어리석은 공상에 불과하지 않겠는가? 여기서 특히, 나는 국가의 권리에 종속될 수 없으며 일반적으로 인간본성에 반대되는 그러한 일들에 대해서 말하고 있는 것이다.

보상이나 위협 때문에 어리석은 사람들이나 미친 사람들에게 명령을 따르도록 요구할 수 없다는 사실과, 이러저러한 사람들이 이러저러한 종교에 매어있다는 이유로 국가의 법을 매우 악한 것이라고 판단한다는 사실이, 국가의 법을 쓸모없는 것으로 만들지 않는다. 국가의 법이 시민의 대다수를 구속하고 있기 때문이다. 두려움이나 희망이 없는 사람들은 독립적이기 때문에(2장 10절), 그들은 결국 국가의 적이 될 수 있으며(2장 14절), 국가는 권리로서 그들을 합법적으로 구속할 수 있다.

해설 2장 10절에서 지적하는 것처럼, 두려움이나 희망이 없는 사람은 어느 것에도 매이지 않기 때문에 독립적일 수 있지만, 또한 인간의 본성상 이러한 독립성은 인간으로 하여금 서로 적대적인 상태에 놓이게 한다. 자연상태에서 서로 적대적인 관계를 형성한 이러한 인간들이 하나의 공동체를 만들어 서로의 목적을 이룰 수 있게 하는 것은 사회상태이며 법의 구속력이다.

9. 마지막으로, 대다수의 사람을 분노하게 하는 일들은 국가의 권리에 속하지 않는다는 점을 고려해야 한다.

해설 다중은 집단적 힘의 가능성을 내포하는 것으로서 주체들의 상호 엮임이다. 그러므로 그들은 함께 그들의 이익을 위해서 정치적 행동을 할 수 있다. 이것은 스피노자의 민주주의 이론에 배경이 되는 것으로, 다중에 대한 몰이해는 언제나 국가의 불안과 위기를 자처하는 것이라 할 수 있다. 어느 형태의 국가이든 다중을 바탕으로 구성되는 한, 국가가 다중에 대해서 횡포를 부릴 어떤 권한도 가지고 있지 않다.

공동의 두려움 때문이건 공동의 고통에 앙갚음을 하려는 욕구 때문이건, 본성의 인도에 따라서 인간이 함께 협력한다는 것은 확실하다. 국가의 권리가 다중의 공동의 힘에 의해서 결정되기 때문에, 많은 사람들이 함께 협력하는 상황이 발생하면, 국가의 힘과 권리는 확실히 줄어든다. 국가의 경우에도, 두려워해야 할 약간의 일들이 분명히 있다. 각각의 시민들이나 자연상태에 있는 모든 사람들처럼, 국가가 덜 독립적일수록 두려워해야 할 이유들은 더 많아진다.

> 해설 독립적이지 못하다는 것은 이성적이지 않다는 것을 의미한다. 이러한 사람들은 욕망에 이끌리는 삶을 살며 욕망은 더 많은 욕구와 두려움을 양산해낸다. 욕구는 오히려 상대에 대한 의존성을 배가시키기 때문이다.

신민에 대한 최고 권력의 권리는 모두 다루었다. 이제, 다른 국가들에 대한 권력의 권리를 다루기 전에, 일반적으로 종교에 대해서 제기된 질문을 해결하는 것이 좋을 듯하다.

10. 다음과 같은 반대 의견이 있을 수 있다. 사회상태에서 요구된다고 생각되는 것과 같이, 사회상태와 신민의 복종은 신을 경배하도록 속박하는 종교를 폐지하지 않는가? 만약 우리가 그 문제를 고려한다면, 우리는 양심의 가책을 받을 어떤 이유도 없다. 이성을 사용하는 한, 정신은 최고 권력이 아니라 정신 자체에 의존한다(2장 11절). 그러므로 이웃에 대한 자비와 마찬가지로(8절), 신에 대한 진실한 지식과 사랑은 어떤 국가에도 종속되지 않는다.

> 해설 국가와 신앙과의 관계는 『신학-정치론』에서 본격적으로 다루어졌다. 『신학-정치론』에서 스피노자는 한편으로 국가의 구성원리들에 대한 설명과 사상의 자유를 옹호하며 다른 한편으로 신앙의 본성에 관한 문제와 신앙과 이성의 관계에 대한 준칙들을 제시한다. 이를 통해서 국가가 종교에 간섭하거나 종교가 국가에 종속되는 것을 비판한다. 스피노자는 신과 이웃에 대한 사랑 속에서 실현되는 전적으로 순수한 신앙을 강조하기 때문이다. 이러한 신앙은 미신과도 다

르며 철학과도 다른 것으로, 그는 신의 내적인 계시와도 같은 이성적인 인식에 의해서 충만한 빛과 확실성 속에서 사랑이 그 최상의 대상과 결합할 수 있다고 생각한다. 신에 대한 이러한 사랑은 완전한 진리이며 완전한 구원으로 인간에게 전적인 자유를 허락한다.

만약 우리가 자비의 최고의 실천이 평화를 유지하고 화합을 이루는 것이라는 점을 숙고한다면, 우리는 화합과 평화에 관해서 국가의 법이 허락하는 한, 모든 사람들을 도와주는 사람이 그의 의무를 행하고 있다는 것을 의심할 수 없다. 외적인 예배가 신에 대한 진실한 지식과 그로부터 필연적으로 따르는 사랑에 대하여, 어떠한 이익이나 손해도 끼치지 않는다는 것은 확실하다. 그것은 공공의 평화와 안녕을 방해할 만큼 중요한 가치가 있다고 볼 수 없다.

더욱이 나는 자연법, 즉 거룩한 법령(2장 3절)에 따라서 종교의 옹호자가 될 수 없다는 것이 확실하다.

> 해설 순수한 신앙을 위해서 스피노자는 기존의 성서해석을 비판한다. 그는 성서의 확실한 역할은 모든 학문으로부터 독립된 신앙, 순수하게 실천적인 신앙을 갖게 하는 것이므로, 성서를 통해서 세계를 해명하고 신에 대한 정확한 정의를 내리려고 하는 것은 무리한 작업임을 지적한다. 결국 이러한 작업들은 서로 모순되며 이성에 의해서 인정될 수 없는 것들로 신앙을 왜곡시키는 요인이 된다. 그러므로 스피노자가 종교를 옹호하는 것은 성서나 신에 대한 초월적 이해를 부정하는 것을 전제로 한다. 그러나 스피노자는 초월성에 대한 이러한 부정을 신에 대한 부정으로 결론짓지 않는다. 신에 대한 그의 열망으로 그는 '신에게 미친 자'라는 별명을 부여받았다. 그러므로 종

교와 신에 대한 그의 이해는 언제나 유대교나 기독교와 같이 초월적 종교에 대한 이해를 바탕으로 평가되어야 한다.

그리스도의 제자들이 가지고 있었던 것과 같이 부정한 영혼을 쫓아내고 기적을 행할 어떤 권위도 나는 가지고 있지 않기 때문이다. 그러한 권위는 종교가 금지된 곳에서 그것을 선전하는 데 필요하다. 그러한 권한이 없다면 시간을 낭비할 뿐이며[1] 게다가 매우 다양한 문젯거리를 야기한다. 우리는 모든 시대를 통해서 가장 슬픈 예들을 보아왔다. 그러므로 모든 사람들은, 그들이 어디에 있더라도, 진실한 종교로 신을 경배할 수 있으며 개인적인 의무로 주어지는 자신의 일에 전념할 수 있다. 그러나 종교를 선전하는 경우에, 그것은 신이나 국가적 업무를 담당하고 있는 최고 권력에게 맡겨야 한다. 이제 다시 나의 주제로 돌아가야겠다.

11. 시민들에 대한 최고 권력의 권리와 신민의 의무를 설명했기 때문에, 나머지 다른 것들에 대한 최고 권력의 권리를 일반적으로 고려할 필요가 있다. 이는 지금까지 언급한 것을 통해서 쉽게 이해될 수 있을 것이다. 최고 권력의 권리는 단순한 자연권 외에 아무 것도 없기 때문에(2절), 국가는 다른 국가에 의해서 공격당하는 상황에 대비할 수 있다는 것을 제

---

1. 문자적으로 "기름과 문제"라는 표현으로, 라틴어의 일반적 격언이다.

외하면, 서로 다른 입장에 있는 두 국가는 자연상태에 있는 두 사람의 관계와 같다. 자연상태에 있는 인간은 매일 자아하고 종종 병이나 정신적 쇠약에 시달리며 결국은 나이가 드는 것을 감내해야 하기 때문에, 인간은 다른 사람에 의해서 공격당하는 상황을 대비할 수 없다. 이 외에 인간은 다른 어려운 상황들을 벗어날 수 없다. 물론 국가는 그러한 상황들로부터 <u>스스로를 지킬 수 있다.</u>

> 해설 개인과 국가의 차이는, 개인의 경우 인간의 노쇠와 쇠약을 스스로의 힘으로 막을 수 없지만, 국가의 경우 전체적 시스템을 통해서 그것을 통제할 수 있다는 점이다. 스피노자는 하나의 유기체라는 면에서 인간과 국가의 공통점을 유비시키지만, 인간과 국가는 자연적 현상의 통제 가능성 여부에 있어서 차이가 있다.

12. 국가가 독립적인 한에서, 국가는 다른 국가의 공격에 대하여 계획하고 대비할 수 있다(2장 9, 15절).

> 해설 국가는 기본적으로 코나투스를 가지고 있으며, 국가의 코나투스는 국가의 자유를 유지하는 것을 목표로 한다.

그러나 다른 국가에 의존적이라면, 다른 국가의 힘을 두려워하거나 자신의 목적을 이루는 것을 방해받거나 자신의 보존과 확장을 위해서 도움을 필요로 하게 될 것이다(2장 10, 15절). 만약 두 국가가 서로 기꺼이 도움을 주고받기를 원한다면, 단독으로 있을 때보다 둘이 함께 할 때 더욱 강력하게 될 것이며 더 많은 권리를 갖게 된다는 것은 의심의 여지가 없다(2장 13절).

> 해설 2장 13절에서 각각 다른 개인이 힘을 합쳤을 때를 이야기한 것처럼, 여기서 각각 다른 두 국가의 연합을 언급하고 있다. 이러한 연합의 강조는, 스피노자에게 나타나는 절대적 통치의 개념이 주체들로부터 나오는 힘들의 투영을 의미하는 것임을 드러낸다. 이러한 힘들의 총체성은 언제나 열려있는 내재적인 삶이며 유기적 전체의 역동적인 연결을 의미한다.

13. 만약 우리가, 두 국가가 선천적으로 적이 된 상황을 생각한다면, 이것을 더 분명하게 알 수 있을 것이다. 자연상태에 있는 사람들도 서로 적대적인 상태에 있기 때문이다(2장 14절). 국가 밖에 있으며 그들의 자연권을 유지하고 있는 사람들은 적대적인 상태를 유지한다. 따라서 만약 한 국가가 다른 국가와 전쟁을 일으키고 다른 국가를 자신에게 종속시키려고 온갖 수단을 사용하고자 한다면, 그 국가는 합법적으로 그것을 할 수 있다. 왜냐하면 권리에 따라서 전쟁을 일으키고자 할 때 전쟁을 일으키고자 하는 국가의 노골적인 의지 외에 필요한 것이 없기 때문이다. 그러나 다른 국가의 전쟁의지와 일치하지 않는다면, 평화에 관하여 국가는 어떤 것도 결정할 수 없다. 전쟁의 법칙들은 각각의 국가 스스로 감당하지만 평화의 법칙들은 단독으로 감당할 수 없다.

> 해설 국가의 코나투스는 국가에게 전쟁의 권리를 부여한다. 그러나 전쟁이 일방적으로 가능한 것인 만큼 평화는 일방적으로 가능하지 않다.

평화의 법칙을 위해서는 최소한 두 개의 국가가 합의해야 하며 그것을 "계약을 맺은 국가들"이라고 부를 수 있다.

14. 손실에 대한 두려움이나 이득에 대한 희망과 같이 평화계약을 체결하는 이유가 존재하는 한 "계약"은 확고하다. 그러나 둘 중의 하나에서 이러한 희망이나 두려움이 사라지면, 국가들은 독립적이 되고(2장 10절), 서로를 속박했던 연결의 끈은 끊어진다. 그러므로 각각의 국가는 원한다면 언제든지, 자신의 계약을 깰 권리를 가지고 있으며 희망이나 두려움에 대한 원인이 제거된 마당에서, 그의 말을 깬 것을 불충실하다거나 불성실하게 행동하는 것이라 말할 수 없다.

> 해설 국가의 계약은 조건을 전제로 한 것이기 때문에 조건의 변화가 계약의 변화를 일으키는 것은 당연하다. 정념은 미봉책과 타협을 용인하기도 하며 불의에 대해서 불의로 응수하는 비이성적 수단들을 허용하기도 한다. 그러나 이성은 그렇지 않다. 그러므로 국가가 이성적이며 독립적인 상태에 있다면, 자신들에게 불리한 것들, 자신들의 이성을 무능하게 만드는 것들을 받아들이지 않을 것이다. 삶을 거역하는 지혜는 개인에게나 국가에게나 의미가 없기 때문이다.

우선적으로 두려움에 대해서 자유로울 수 있다면 계약을 하는 모든 당사자들은 독립적이 되며 자신의 마음대로 독립적으로 행동할 수 있다는 점에서 동일하다. 더욱이 어느 누구라도 기존의 상황이 변하지 않는다는 것을 전제하지 않으면, 미래에 관한 계약을 맺지 않는다.

그러므로 이러한 상황들이 바뀐다면, 그와 함께 전체적인 상태에 대한 적절한 이성적 정책도 변화한다. 계약을 맺는 각각의 국가들은 자신의 이익을 추구할 권리를 가지며, 결과적으로 가능한 한 두려움으로부터 자유롭고 독립적이 되도록 노력하며, 다른 국가들이 더 큰 힘을 들이대며 계약하고자 하는 것을 방해하려고 하기 때문이다. 만약 어떤 국가가 자신이 속았다는 것을 호소한다면, 그 국가는 엄밀한 의미에서 계약을 맺은 다른 국가의 불신을 비난할 수 없고, 오직 자신의 안녕을 다른 국가 — 독립적이며 자신의 최고 법칙으로 자신의 국가의 안녕을 추구하고 있는 국가 — 에 위탁했던 어리석음을 비난할 수 있을 뿐이다.

해설 독립적이지 못한 국가는 국가의 기본이라 할 수 있는 코나투스를 실현하지 못한다. 이러한 국가는 자신의 실패에 전적으로 책임을 져야 한다.

15. 평화조약을 체결했던 국가들에게 있어서, 평화의 법칙이 한 국가에 집중하는 것이 아니라 서로 계약을 맺은 국가들에 적용되는 만큼, 평화조약은 그들을 상호적으로 묶는 평화의 조건이나 법칙들에 대해서 제기되는 질문을 해결하려는

것이다(18절). 그러나 만약 그들이 그 조건에 관해서 서로 동의할 수 없다면, 그 때문에 그들은 전쟁상태로 들어가게 된다.

16. 평화조약을 맺는 국가들이 많으면 많을수록, 그들 각각의 국가는 나머지 국가들에 대해서 단독으로 두려움의 대상이 되는 일은 더 적어지게 되거나 전쟁을 일으킬 권한도 더 적어진다. 오히려 평화의 조건을 준수하는 것에 더 많이 예속된다. 즉(13절) 덜 독립적일수록, 계약을 맺은 당사자들의 공동의 의지를 스스로 더 잘 수용하게 된다.

17. 그러나 온전한 이성과 종교에 의해서 배양된 훌륭한 신의는, 이로 말미암아 헛되지 않는다. 이성과 성서는 자신의 말을 모든 상황에서 지키도록 사람들을 가르치지 않기 때문이다. 예를 들면, 내가 어떤 사람이 나에게 비밀스럽게 맡긴 돈을 안전하게 지켜줄 것을 그와 약속을 했다 하더라도, 그 돈이 훔친 것이라는 사실을 알거나 믿게 되는 시점에서부터, 나는 나의 말을 지키는 것에 얽매이지 않는다. 오히려 더욱 정당하게 나는, 그 돈의 원래 주인에게 그것을 돌려주도록 노력할 것이다. 이와 같이, 만약 최고 권력이 무엇인가를 하도록 다른 국가와 약속했다고 하더라도, 결과적으로 그 상황의 변화나 이성적 판단이 국가의 신민의 안녕에 반反하거나 반하는

듯 보인다면, 그와의 약속을 깨는 것은 확실히 당연하다. 성서는 오직 일반적으로 약속을 지킬 것을 우리에게 가르치며 예외적인 특별한 경우는 각 개인의 판단력에 맡기고 있다. 성서는 우리가 입증해 온 것과 전혀 모순되지 않는다.

> 해설 여기서 성서와 성서해석에 대한 스피노자의 입장이 드러난다. 스피노자는 성서를 계시적으로 이해하는 중세적 사고를 비판하며 문자주의적 성서해석과 알레고리적 성서해석을 비판한다. 이러한 해석 방법들은 성서를 역사와 현실로부터 분리시키며 오히려 성서 속에서 찾을 수 있는 진정한 의미의 진리를 가리기 때문이다. 스피노자는 성서 속에 드러난 하나님의 사랑이 실제적인 삶 속에서 제대로 실현되는 것이 중요하다는 의미에서 성서 속에서 하나님의 뜻을 이야기한다.

18. 그러나 내가 나의 논의의 맥락을 깨지 않고 앞으로도 유사한 반대들을 해명하지 않으려면, 나의 이 모든 진술은 인간본성의 필연성으로부터, 다시 말하자면 스스로를 보존하는 모든 인간의 보편적 코나투스 — 배운 자든 못 배운 자든 간에 모든 사람에게 고유한 코나투스 — 로부터 나온다는 것을 강조해야 한다. 이에 대해서 당신이 어떻게 생각하더라도, 나의 입장은 확고하다. 그러므로 인간이 정념에 의해서 인도되건 이성에 의해서 인도되건 무엇이라 생각하든 간에, 이것은 같다. 우리가 말했던 바와 같이 이 증명은 보편타당하기 때문이다.

4

최고 권력의 기능에 대하여

1. 앞 장에서, 우리는 최고 권력의 권리가 최고 권력의 힘에 따라서 제한된다는 것을 설명했다. 그리고 최고 권력이 모든 사람을 인도해야 하는 국가의 정신이라는 점이, 그 권리의 가장 중요한 부분이라는 것을 언급했다. 그러한 최고 권력만이 무엇이 선하고, 악하고, 정당하고, 부정한 것인지, 즉 개별적으로나 집단적으로 신민들이 무엇을 행해야 하고 무엇을 행하지 말아야 하는지를 결정할 권리를 가진다. 그러므로 우리는 최고 권력이 법을 제정하고, 법의 의미가 논란이 될 때, 그것을 해석하고, 제기된 사례가 법에 일치하는지 혹은 배치되

는지를 결정할 유일한 권리를 가지고 있다는 것을 언급했다(3장 3~5절). 그리고 마지막으로 최고 권력은 전쟁을 하고 평화를 위한 제안들을 입안하고 제시하며 그러한 제안이 들어왔을 때 그것을 수용하는 것에 대한 권리를 가지고 있다(3장 12, 13절).

2. 이 모든 기능들과 그것들을 집행하는 데 필요한 수단들은 국가의 전체 몸에 관한 문제들, 즉 국가적 업무들이다. 국가적 업무들은 최고 통치권을 장악하고 있는 사람의 명령에만 의존한다. 그러므로 각 개인의 행동을 판단하고, 그에게 같은 판단을 요구하는 것은 오직 최고 권력의 권리이다. 그것은, 범죄자를 처벌하고, 시민들 사이의 법적 분쟁을 해결하거나, 실정법을 알려주는 법률가를 임명하고, 최고 권력을 대신하여 문제들을 처리하는 권리이다. 나아가, 그것은 도시들을 세우고 강하게 만드는 것처럼, 전쟁과 평화를 위해서 모든 수단을 이용하고, 명령하며, 군대를 소집하고, 군사담당을 임명하며, 수행해야 할 일을 명령하고, 평화를 위해서 사절을 보내고, 위탁하는 권리이다. 마지막으로, 그것은 이 모든 것들의 비용을 징수하는 권리이다.

3. 공공의 문제들을 다루거나 그것을 하도록 공직자를 선

출하는 것도 최고 권력만의 권리이기 때문에, 최고 의회의 승낙 없이 공공의 문제에 개입하는 신민은, 국가에 대해서 부당한 일을 하는 자가 된다. 비록 그가 자신의 계획이 국가에 최대의 이익이 될 것이라고 믿는다 하더라도 그렇다.

4. 최고 권력이 법에 예속되는지, 그리고 최고 권력이 잘못 행할 수 있는지 등의 여부를 질문할 수 있다. '법'과 '불법 행위'라는 말이 단순히 국가의 법이 아니라 모든 자연들에 관계되는 보편적인 법칙, 특히 보편적인 이성의 법칙을 종종 언급한다면, 국가는 어떤 법에도 예속되지 않으며 혹은 어떤 잘못도 저지를 수 없다고 무조건적으로 말할 수 없다. 국가가 어떤 법이나 규칙에 매이지 않는다면 그 국가는 국가가 아닐 것이기 때문에, 우리는 그것을 자연적인 것이 아니라 일종의 키메라와 같은 것으로 보아야 할 것이다.

> 해설 『정치론』에서 스피노자가 가장 강조하는 것은 무제한적인 권력에 대한 부정이다. 무제한적인 권력은 누구에게도 이로울 것이 없는 괴물일 뿐이다. 그러므로 스피노자는 4장에서는 앞에서보다 훨씬 강한 강도로 권력의 무소불위를 비판한다. 국가에 전적인 절대적인 힘을 주는 것은 일종의 괴물을 만드는 것과 같다. 스피노자는 다중의 뜻이 합치되어 나오는 힘에 의해 국가가 한계지어지고 조건화될 때 진정한 권력의 무소불위가 이루어진다고 지적한다. 스피노자가 무제한적 권력의 국가를 키메라에 비유하는 것은 홉스의 『리바이어던』을 상기시킨다. 홉스는 국가에 권력에 대한 독점을 허락하는데, 그러

한 국가를 바다괴물의 이미지로 표상하고 있기 때문이다.

국가는 불법을 행할 수 있으며 혹은 멸망의 원인이 되는 일을 함으로써 피해를 입기도 한다. 그러므로 이러한 일을 행했을 때 우리는 국가가 불법을 행한다고 말할 수 있으며, 이때 그것은 철학자나 의사가 자연이 불법을 행한다고 말하는 것과 같은 의미이다. 이러한 의미에서 우리는 국가가 이성의 명령에 반하는 행동을 할 때, 국가가 불법을 행한다고 말할 수 있다. 국가가 이성의 명령에 따라 행할 때, 국가는 가장 독립적이기 때문이다(3장 7절). 국가가 이성에 반해서 행한다면, 국가는 스스로 실패하거나 불법을 행하게 되기 때문이다. 그러므로 만약 우리가 인간은 자신의 권력 안에서 그가 원하는 것을 할 수 있다는 것을 고려한다면, 이러한 권위가 행위자의 힘에 의해서만이 아니라 행위 대상의 권력에 의해서도 제한되어야 한다는 것을 보다 쉽게 이해할 수 있을 것이다. 예를 들면, 나는 이 탁자를 가지고 내가 원하는 것을 정당하게 할 수 있다고 말할 때, 확실히 그것은, 내가 탁자로 하여금 풀을 먹게 만드는 권리를 가지고 있다는 것을 의미하지는 않는다.

해설 힘의 정당한 사용은 이성적 사고를 전제로 하며 자연법칙에 어긋나지도 않는다.

우리가 사람들은 스스로에게가 아니라 국가에 의존한다고 말하더라도, 그것은 사람들이 그들의 인간적 본성을 잃고 다른 것을 덧입는다는 것을 의미하지 않는다.

> 해설 국가 속에 있고 국가의 권력을 인정한다는 것이 개인의 본성을 잃는다거나 개인의 절대권을 무시하는 것은 아니다. 국가의 권력과 개인의 자유는 분리되지 않으며 또한 중재되지도 않는다. 스피노자에게 이 두 개념을 서로 모순되는 것이 아니기 때문이다. 스피노자는 이 둘 사이에 갈등이 존재한다는 것을 부인하지 않지만, 이들의 긴장관계에서 해결책을 이끌어내야 한다는 것을 또한 강조한다. 국가는 자신의 권력으로 개인들에게 사고와 의사표현의 자유를 최대한으로 확장해주는 것을 목표로 삼아야 하기 때문이다.

국가는, 사람들이 이것 혹은 저것을 원하도록 할 권리를 가지고 있다거나 어리석거나 혐오스러운 짓을 하는 것을 명예로운 것으로 추켜세우는 권리를(불가능해 보이지만) 가지고 있다는 것을 의미하지 않기 때문이다. 우리가 의미하는 것은, 국가에 대한 신민의 존경과 두려움을 생각할 수 있는 돌발적인 상황들과 두려움과 존경, 국가 자체도 사라질 수 있는 돌발적인 상황들이 존재한다는 사실이다.

> 해설 국가가 권력을 가지고 있다는 이유로 신민들에게 무조건적 복종을 강요할 수 없다. 자연권에 기초하는 국가의 원칙은 전쟁의 권리로 귀착될 수 있다. 신민들은 자신들이 원하지 않는 것들에 대해서 반항할 수 있기 때문이다. 그러므로 국가는 이러한 상황에 대한 두려움으로, 평화와 안정 그리고 자유를 통해서 권력이 행사되고 정통성이 유지될 수 있도록 해야 한다.

그러므로 독립성을 유지하고 있는 국가는 두려움과 존경의 원인을 보존할 의무가 있다.

해설 여기서 말하는 두려움은 공포를 의미하지 않는다. 그것은 일종의 외경심에 해당하는 것이다. 독립적인 국가는 다중들로부터 존경심을 얻을 수 있는 반면, 독립적이지 못한 국가는 자신의 권력을 유지하기 위해서 공포를 조장한다. 그러나 국가에 대한 공포는 오히려 국가의 권력을 위태롭게 하는 데 기여할 뿐이다.

그렇지 않으면 국가로 존속할 수 없다. 통치권을 쥐고 있는 사람이나 통치권을 쥐고 있는 사람들이, 길에서 곤드레가 되거나, 벌거벗은 매춘부와 놀아난다거나, 광대 노릇을 한다거나, 스스로 통과시킨 법을 공개적으로 위반하거나 모욕하는 일을 하는 것은 통치자의 체통을 유지하는 일들과 조화를 이룰 수 없기 때문이다. 이러한 행위들의 부조화는, 존재하는 것과 존재하지 않는 것을 서로 연합시키려는 행위의 불협화를 능가한다. 더 나아가, 신민을 죽이고 약탈하며, 소녀들을 강간하고, 이와 유사한 일들을 하는 것은 두려움을 분노로, 사회상태를 적대적인 관계로 바뀌게 한다.

해설 운세나 공포로 권력을 유지하는 국가는 공포를 상호적으로 만들어서 실패를 자초한다. 다중들에게 공포를 불러일으키는 국가는 다중들의 잠재적 힘에 대한 공포에 사로잡혀있으며 결국 그것이 실현되는 것을 목도할 것이기 때문이다. 이렇게 형성된 적대적 정념들은 국가를 멸망시키는 원인으로 작용한다. 스피노자에 의하면 신민을 난폭한 다중으로 만드는 것은 국가의 잘못에 기인한다.

5. 우리는, 어떠한 의미에서 국가가 법에 예속되어 있으며

불법을 행할 수 있다는 것인지 알게 되었다. 만약 "법"이 국가의 법을 의미하며, "불법"이 국가의 법이 금지하고 있는 것을 행하는 것을 의미한다면 — 즉 이 말들이 적절한 의미에서 사용된다면 — 우리는 국가가 법에 예속되어 있다거나 불법을 행한다고 말할 수 없다. 국가가 자신의 이익을 지켜내기 위해서 준수하는 두려움과 존경의 원칙들과 원인들은, 국가의 법체계가 아니라 자연법에 관계한다. 왜냐하면(4절) 두려움과 존경의 원칙들과 원인들이 국가의 법이 아니라 전쟁법에 의해서 옹호될 수 있기 때문이다.

> 해설 전쟁법은 스스로를 지키기 위해서 전쟁을 일으켜야 하는 상황을 전제로 한다. 그러므로 전쟁의 권리는 국가의 독립성을 유지시키며 신민의 자유를 보장하는 것을 목표로 한다.

자연상태에 있는 사람이 자신의 독립을 유지하고 자신의 적이 되지 않도록, 적어도 스스로를 멸망시키지 않도록 주의를 기울일 의무가 있는 것과 같은 의미에서, 국가는 전쟁법에 종속되어 있다. 이것을 강조하는 것은, 복종이 아니라 자유가 인간의 본성이기 때문이다.

> 해설 최선의 국가체제는 개인들의 안전과 국가의 안정 사이에 강력한 상관관계를 실현하는 정체이다. 국가가 개인의 자유와 안전을 보장해주지 않는다면, 개인은 더 이상 국가에 복종하지 않을 것이고 자신의 권리를 위해서 전쟁을 불사할 것이기 때문이다. 이러한 의미에서 국가는 언제나 전쟁법에 종속되어 있다고 볼 수 있다.

그러나 국가의 법체계는 국가의 단순한 법령에 의지하며, 국가의 법령은 다른 국가들이 아니라 스스로를 만족시키면 되고 국가가 스스로 그렇게 결정한 것 외에 선하거나 악한 것을 판단할 필요가 없다. 그러므로 국가는 스스로를 위해서 복수하거나 법을 제정하고 해석할 권리뿐 아니라 그것을 폐지하거나, 자신의 절대적 힘으로 죄 지은 사람을 용서할 권리를 가진다.

6. 다중이 의회나 특정인에게 자신의 권리를 위탁하는 계약이나 법률은, 그것을 위반하는 것이 공동의 복지를 위해서 유리하다면, 당연히 깨어질 수 있다. 그러나 공동의 복지를 위해서 그것을 파기하는 것이 유리한지 아닌지를 결정하는 것은, 개인이 아니라 통치권을 장악한 자의 권리에 속한다(3절). 그러므로 이 법률에 대해서 통치권을 쥐고 있는 사람은 유일한 해석자가 된다. 더욱이 어떤 개인도 이 법률을 옹호할 권리를 가지지 못하며 법률은 실제로 통치권을 장악한 사람들을 속박하지 않는다. 그럼에도 불구하고, 그것이 자연적인 것이어서 국가를 약하게 만들지 않고는, 즉 시민들 대다수의 공동의 두려움을 분노로 바꾸지 않고는 파기될 수 없다면, 이로 인해서 국가는 와해되고 계약은 끝이 난다. 그러므로 그러한 계약은 국가법이 아니라 전쟁법으로 옹호되어야 한다. 그리고

자연상태에 있는 사람이 자신의 적이 되지 않도록, 적어도 스스로를 멸망시키지 않도록 주의해야 하는 것과 같이 ─ 이미 앞 절에서 언급했던 바이다 ─, 통치권을 쥐고 있는 사람은 어떤 다른 원인이 발생하면 계약기간을 지켜야 할 의무가 없다.

5

국가의 가장 좋은 상태에 대하여

1. 2장 2절에서, 인간이 이성의 인도를 받을 때 가장 독립적인 것과 마찬가지로(3장 7절), 이성에 의해 세워지고 인도되는 국가가 가장 힘이 강력하고 가장 독립적이라는 것을 설명했다. 그러나 최고의 자기 보전을 확실하게 하는 삶의 가장 좋은 방법이 이성의 명령에 따라 형성된 것처럼, 사람이든 국가든 간에 그들이 가장 높은 정도로 독립성을 유지한다면, 그들은 가장 잘 행할 수 있다. 왜냐하면 권리를 주장하며 밭을 가는 것과 가장 좋은 방법으로 밭을 가는 것은 차이가 있기 때문이다.

해설 자신의 모든 힘을 다해서 행복을 갈망하는 것은 인간의 본성이며 구원의 즉각적 형태이다. 가장 나쁜 것은 자신의 힘을 제대로 조직하지 않는 것이며 올바른 목적을 가지고 있으면서도 목적을 위한 수단들을 제대로 파악하지 못하는 것이다. 그러므로 참된 인식을 통해서 삶을 다스리는 최상의 방법을 찾아야 한다. 이러한 맥락에서 『정치론』의 서론에 해당하는 부분을 마무리하는 장에서, 스피노자는 '가장 좋은 것'에 대해서 숙고한다.

말하자면, 권리를 주장하며 스스로를 방어하고 보존하며 판단을 내리는 하나의 가능성이 있고, 가장 좋은 방법으로 스스로를 방어하고 보존하며 가장 좋은 판단을 내리는 다른 하나의 가능성이 있는 것이다. 그러므로 권리를 주장하며 통치권을 가지고 국가적 업무를 담당하는 것이 하나 있을 수 있으며, 다른 하나는 가장 좋은 방법으로 통치하며 국가적 업무를 지시하는 것이 있을 수 있다는 것이다. 우리가 일반적으로 각각의 국가들의 권리를 다루었던 것처럼, 이제는 국가의 가장 좋은 상태에 대해서 논하려고 한다.

2. 어떤 사회상태의 수준은 그 국가의 목적으로부터 쉽게 알 수 있다. 목적이란 삶의 평화와 안전 외에 다름이 아니다. 그러므로 사람들이 조화를 이루어 생활하며 법이 침해되지 않고 준수되는 국가가 가장 좋은 국가이다. 소요, 전쟁, 법에 대한 경멸이나 위반을 신민들의 사악함 탓으로 돌릴 수 없으며

그것들은 국가의 가장 나쁜 상태에서 연유한다는 것이 분명하다. 인간은 태어날 때부터 시민권에 부합하지는 않는다. 그것은 만들어져야 하는 것이다.

> 해설 스피노자가 의미하는 가장 좋은 국가는 자유, 욕망들의 집단적인 조직화가 최대한 확장될 수 있는 국가이다. 국가는 스스로 가장 좋은 상태의 국가를 만들어야 할 책임이 있다.

더욱이 인간의 자연적 정념은 어디서나 동일하다. 만약 어떤 국가가 다른 국가보다 더욱 두드러지게 사악하고 더욱 많이 공격적이라면, 그 국가는 연합이라는 목적을 충분히 추구하지 않았으며 미래에 대한 충분한 안목을 가지고 법을 만들지 않았다는 것이 분명하다. 그러므로 그러한 국가는 국가로서 자신의 권리를 제대로 수행하는 데 실패한다.

> 해설 좋은 국가는 국가 내에서 일어나는 문제들에 대해서 책임을 지며 개인에게 전가시키지 말아야 한다. 개인이 책임을 져야 할 부분은 국가의 법에 저촉되는 경우이다.

소요의 원인을 제거하지 않는 사회상태 — 전쟁이 두려움의 영원한 대상이 되며 결국은 심심할 때마다 법이 파기되는 상태 — 는 단순한 자연상태와 별반 다르지 않다. 그것은 모든 사람이 삶의 위험을 무릅쓰고 자신의 마음대로 사는 상태이다.

> 해설 좋은 국가가 되기 위해서는 초월적인 권력을 배제하며 국가를 다중의 사회적 힘에 종속시켜야 한다. 자신의 힘을 절대화하여 자신의 욕망을 채우려는 국가는 좋은 국가라고 할 수 없으며 결국 국가를 전쟁상태로 몰고 갈 뿐이다. 그러므로 국가의 파국을 막기 위해

서, 좋은 국가는 법을 통해서 주체들 사이의 적대적 관계를 조절할 능력이 있어야 한다.

3. 신민들의 부도덕과 무질서한 자유와 불복종은 국가에 원인이 있다. 반대로, 2장 15절에서 분명히 알 수 있는 것처럼, 자신들의 덕과 법에 대한 신민들의 일관된 복종은 주로 국가의 덕과 국가의 완전한 권리 덕분이다. 한니발의 군대에 어떤 소요도 일어나지 않았던 것은 한니발의 비범한 덕 때문으로, 당연히 그의 공으로 돌아가야 한다.[1]

> 해설 덕은 인간이 자신의 본질에 따라 행동할 때 나오는 것으로, 인간의 코나투스를 표출하는 것이다. 인간이 자신의 존재를 보존하기 위해서 유용한 것을 추구하는 것은 비도덕적이라 할 수 없으며 자연적이고 이성적인 필연성이다. 그러나 인간이 각자의 코나투스를 실현하며 함께 삶을 영위하기 위해서 요구되는 것이 '덕'행이다. 진정한 덕에 의해서 행해진 것은 자신과 이웃의 관계를 확립하는 데 중요한 역할을 하기 때문이다. 인간의 덕에 대한 이러한 이해는 국가와 국가와의 관계에도 동일하게 적용된다.

---

1. Justin, Histories, 32장 4절 12. [로마의 전기작가들은, 제2차 포에니전쟁(기원전 218-201) 때 로마에 대항해서 카르타고군대를 지휘했던 한니발의 인품을 여러 가지로 비난한다. 그러나 그러한 비난의 내용이 실제적인 것인지 혹은 그의 휘하들의 과오가 한니발에게 돌려진 것인지 불확실하다. 오히려 그에 대해서 내려오는 이야기들은 그가 절제력이 뛰어나고 금욕적인 생활을 했던 사람임을 알려준다. 또한 그가 지휘했던 기간 중에 그의 군대에 소요나 불협화음이 없었다는 사실은 유명하며, 이는 그의 사람됨에 대해서 긍정적인 빛을 던져준다. -옮긴이]

4. 신민들이 군대를 일으키는 것을 공포로 밖에는 막을 수 없는 국가에 대해서, 그 국가는 평화롭다기보다 전쟁을 하지 않을 뿐이라고 말하는 것이 더 낫다. 평화는 전쟁의 단순한 부재가 아니라 마음의 능력으로부터 나오는 덕이기 때문이다.

> 해설 전쟁과 평화의 개념은 스피노자의 국가이해에 있어서 매우 중요하다. 스피노자는, 전쟁의 부재를 평화로 보는 것과 같은 소극적인 이해로는 국가의 진정한 목표를 이루지 못한다는 점을 강조한다. 그러한 상태는 신민들의 안정과 자유를 유지시킬 수 없기 때문이다. 이러한 맥락에서 진정한 의미의 평화를 위해서 필요한 것 역시 덕이다. 자유인으로서 이웃과 진정한 관계를 확립하기 위해서 정념이 갖고 있는 부덕(不德)들로부터 해방되어야 한다. 다른 이들에게 공포를 불러일으킴으로써 평화를 유지하는 것은 진정한 의미의 덕이라 할 수 없다.

복종은(2장 19절) 국가의 공공의 법령으로 행해야 하는 것을 실행하려는 일관된 의지이다. 더욱이 신민들의 게으름으로부터 평화를 이루고 있는 국가, 맹종하는 것만을 익힌 양과 같이 신민들을 다루는 국가는, 국가라기보다 황무지라고 불리는 것이 더 적절할 것이다.

> 해설 국가는 복종을 강조하며 객관적 질서에 개인을 예속시킨다. 그러나 신민은 노예와는 다르다. 신민은 시민성, 즉 민주정에서 강조되는 능동성을 전제로 하기 때문이다. 그러므로 예속만을 강조하는 노예제는 스피노자에게 국가가 될 수 없다. 스피노자는 국가의 독자적인 자율성을 부정하며 주체들의 능동적인 참여를 요구한다. 국가에

있어서 인간의 능동적인 실천을 강조하는 스피노자의 이러한 주장은 당대에 매우 파격적인 것이었다. 국가의 자율성에 대한 부정과 다중의 자율성에 대한 긍정은 절대주의국가에 대한 비판을 함의하며 국가에 대한 스피노자의 근본적인 이해를 보여주는 것이다.

5. 우리가, 사람들이 조화롭게 그들의 삶을 영위하는 국가를 좋은 국가라고 부를 때, 단순한 혈액의 순환과 모든 동물들이 갖고 있는 다른 공통된 특징들로 정의된 인간의 삶을 말하는 것이 아니다. 인간의 삶이란 무엇보다도 이성과 진정한 장점과 정신적 삶에 의해서 정의된다.

> 해설 스피노자는 자연권을 밑바탕으로 하여, 국가의 본질적인 토대인 개인주의와 계약을 부정하며 국가의 틀을 잡아간다. 또한 국가는 국가 자체의 힘에 의해서 통치되어야 한다는 면에서, 초월적인 요소에 의거한 어떠한 조절도 원칙적으로 부정하며 국가에 무신론적 통치를 도입한다. 그의 출발점은 인간은 자신 이외에 어떤 다른 주인도 갖고 있지 않다는 것이기 때문이다.

6. 그러나 주의할 것은, 이러한 목적을 위해서 세워진 국가는, 전쟁의 권리에 의해서 다중에게 요구된 것이 아니라 자유로운 다중에 의해서 세워진 국가를 의미한다는 점이다. 자유로운 다중은 두려움보다는 희망에 더 잘 인도되기 때문이다. 그러나 정복된 사람은 희망보다는 두려움에 의해서 더 잘 이끌린다. 전자가 삶을 이용할 목적을 가지고 있다면, 후자는

죽음을 면할 목적만을 가지기 때문이다. 말하자면, 전자는 자신의 목적을 위해서 삶을 추구하지만, 후자는 정복자에게 강제적으로 예속된다.

> 해설 개인의 독립성이나 종속성은 국가와 신민의 관계 속에 그대로 드러난다. 이러한 정황에서, 복종은 국가에 예속된 상태를 의미하지 않는다. 인간이 가장 자유로울 때 즉 가장 독립적일 때 인간은 또한 국가에 가장 잘 복종할 수 있다. 이러한 복종은 종속적인 상태에서 하는 복종과는 전혀 다른 것이다.

그러므로 우리는 이것을 자유로운 상태가 아니라 노예상태라 말한다. 전쟁의 권리에 의해서 생겨난 국가의 목적은 주인이 되는 것이며, 신민보다는 차라리 노예를 소유하고자 한다. 만약 우리가 각각의 국가들의 권리를 일반적으로 생각해 보자면, 자유로운 다중에 의해 세워진 국가와 전쟁의 권리에 의해서 얻은 국가 사이에 본질적인 차이를 발견할 수 없다. 물론, 우리가 이미 살펴본 것처럼, 국가들의 목적과 자신들을 보존하려고 하는 방법은 매우 다르지만 말이다.

> 해설 스피노자에게서 다중은 다소 모호하게 사용된다. 다중은 법적인 주체이며 사회상태를 위해 필수적인 요소이며 정치적 연합체를 만들기 위한 전제이다. 그러나 여전히 다중은 개개의 존재들로 구성되는 파악될 수 없는 집단이다. 이것은 일종의 '모순'이라고 할 수 있다. 파악될 수 없는 다중의 물리적 다수적 본성과 법을 제정하는 다중의 법적 주체적 본성 사이에 긴장이 형성되기 때문이다. 네그리는 『전복적 스피노자』에서 스피노자의 역동적 국가 이해 밑에는 다중에 대한 이러한 이해가 깔려있다고 지적한다. 다중에 대한 이해는 스피노

자의 입장을 열려있는 것으로 만들어주고 현실을 통제하고 신비화할 수 없는 것으로 제시하는 역할을 한다. 다중에 대한 이러한 이해를 배경으로 5장에서 강조하는 것은 자유로운 다중에 의해서 만들어진 권력을 최고의 통치형태로 하는 국가이다.

7. 유일한 동기가 지배욕인 군주가 그의 국가를 세우고 유지하기 위해서 어떤 수단을 사용해야 하는지에 대해서, 유능한 마키아벨리가 자세하게 설명하긴 했지만,[2] 그의 의도는 명확하지 않다. 그러나 학자들의 일반적인 믿음처럼 그가 좋은 의도를 가지고 있었다면, 마키아벨리의 의도는, 군주를 폭군으로 만드는 원인을 결코 제거할 수 없음에도 불구하고 많은 사람들이 폭군을 제거하려고 시도하는 것이 얼마나 어리석은 일인지를 보여주려는 데 있는 듯하다.

> 해설 마키아벨리의 『군주론』은 정치와 도덕을 분리시키고 정권을 유지하기 위한 군주의 비도덕적 행위의 정당성을 때로 긍정한다. 이러한 그의 입장은 그의 책에 전반적으로 드리워져 있는 주제, '정치란 변화하는 환경에 유연하게 대응하는 것'이라는 주장을 반영하는 것이다. 예측할 수 없고 통제할 수 없는 것에 순응하는 것이 고대와 중세의 사고였다면, 마키아벨리는 그러한 불가항력적인 것에 대한 저항을 통해서 근대적 사고를 열었으며, 현대 정치학의 아버지가 되었다. 그러나 마키아벨리의 근대성을 드러내는 또 다른 측면은 정치가 도덕의 실현을 목표로 하는 것이 아니라는 것을 강조했을 뿐 아

---

2. "Il Principe" 혹은 "The Prince"라고 불리는 마키아벨리 책에서 설명했다. [니콜로 마키아벨리, 『군주론』, 강정인·김경희 옮김, 까치글방, 2008.]

니라 정치를 집단의식이라는 새로운 개념과 연결시킨 점이다. 마키아벨리에 대한 평가는 분분하지만, 그는 군주들에게 인기 있는 사람은 아니었다. 그가 강조한 것은 국가의 구성원이 국가의 주인이 되는 것이었기 때문이다. 그는 군주정보다 공화정을 선호했으며 집단 공동체의 구성원으로서의 집단의 자유를 지키는 인민들의 주체성을 강조하였다. 이것이 다중의 힘에 대한 긍정을 국가의 기본으로 강조하는 스피노자가 마키아벨리를 지지하는 이유일 듯하다.

군주가 두려움을 가지고 있는 정도가 큰 만큼 군주를 폭군으로 만드는 원인은 더 많이 생겨나게 되어있다. 다중이 군주를 예로 삼아 존속살해를 훌륭한 일이라고 자랑한다면, 군주는 두려움의 원인이 된 것이다.

더욱이 아마 마키아벨리는 자유로운 다중이 자신의 안녕을 한 사람에게 전적으로 위탁하는 것이 얼마나 조심스러운 일인지를 보여주려고 했던 것 같다. 만약 다중의 안녕을 위탁받은 사람이 모든 사람을 만족시킬 수 있다고 생각하는 어리석은 자가 아니라면, 그는 매일 자신에 대한 음모를 두려워하며, 대개는 신민보다 자신의 이익을 강제적으로 추구하며, 다중의 이익을 생각하지 않고 다중에 대해서 음모를 꾸밀 것이다.

> 해설 신민에게 독립성이 요구되는 것처럼, 권력자에게도 독립성이 요구된다. 어느 누구도 모든 사람을 만족시킬 수 없는 상황에서, 권력자의 독립성은 더욱 절실하다. 이러한 독립성은 정념이 아니라 이성에 따라 행동할 때 가능하다. 권력자가 독립적이지 못하면, 자신의

권력을 위해서 다른 사람들을 이용하고 그들을 수단으로 사용하게 된다.

알려진 바와 같이 마키아벨리는 자유에 호의적이었고 더욱이 그것을 유지하기 위해서 매우 유익한 조언을 했기 때문에, 나는 매우 현명한 이 사람에 관해서 이러한 생각을 하게 되었다.

군주정에 대하여(1)

1. 우리가 이야기했던 대로, 사람들이 이성보다는 정념에 더 많이 인도되기 때문에, 다중이 함께 하며 하나의 정신으로 인도되기를 원한다면, 그것은 이성의 제안이 아니라 공동의 정념 — 즉(3장 9절) 공동의 희망이나 두려움, 공동의 손해에 복수하려는 욕구 — 으로 인한 것이다. 혼자 있는 사람은 누구도 스스로를 보호하고 생활의 필수품을 얻을 만큼 충분히 강하지 못하기 때문에, 모든 사람에게는 고독에 대한 두려움이 있다. 그러므로 사람들은 자연적으로 사회상태를 염원한다. 사람들이 궁극적으로 국가를 와해시키는 일은 일어나지 않는다.

해설 스피노자는 『신학-정치론』에서 민주정에 대한 논의가 거세게 비판을 받은 후, 『정치론』에서는 군주정을 새롭게 현실주의적 방식으로 고찰한다. 6장과 7장은 제헌적 과정의 구조적 원칙들을 거론하면서 군주정에 대해서 논한다. 법에 대한 강조는 스피노자의 인간이해와 연결시켜서 생각해볼 수 있는데, 데카르트의 영향을 받은 스피노자가 개인성을 강조한다고 하더라도, 스피노자에게 있어서 인간은 관계 속에서 삶의 의미를 찾아가는 존재이기 때문이다. 이러한 관계 개념이 스피노자의 국가에서 법을 필연적인 도구로 만든다.

2. 그러므로 다른 연합체들의 경우에서 종종 발생하는 것처럼, 국가에서 빈번하게 일어나는 싸움과 소요를 이유로, 시민들이 국가를 와해시킨다는 결론을 내릴 수 없다. 시민들은 국가의 형태를 다른 것으로 바꾸려고 하는 것뿐이다. 즉 분쟁이 해결될 수 없더라도, 동시에 국가의 특징은 보존된다. 내가 생각하기에 국가를 보존하는 데 필요한 수단이란, 현격한 변화 없이 존재하는 국가형태를 보존할 수 있는 사람이다.

3. 인간본성상, 인간이 자신에게 가장 이익이 되는 것을 더욱 욕망한다면, 연합과 신뢰를 만들 어떤 방법도 없을 것이다. 그러나 널리 알려진 바와 같이 인간본성은 그렇지 않기 때문에, 통치자와 통치를 받는 자 모두는, 그들이 원하거나 그렇지 않거나 간에, 공동의 복지를 위해 필요한 것을 행하도록 국가를 조직할 필요가 있다.

> 해설 인간의 코나투스는 국가의 안정과 자유라는 국가 공동체의 목
> 표 속에서 자신의 위치를 가진다. 그러므로 국가는 자신의 목표를
> 위해서 개인의 이러한 본성적 욕구를 충족시킬 수 있는 힘을 가져
> 야 한다.

즉 그들 자신의 욕구에 의한 것이든 강제적인 것에 의한 것이든 필연적인 것에 의한 것이든 간에, 그들 모두는 이성의 명령에 따라 살도록 강요되어야 한다.

이것은, 국가의 일들이 처리될 때, 공공의 복리에 영향을 주는 어떤 것도 한 사람의 훌륭한 신뢰에 전적으로 위탁되지 않는 경우에 가능하다.

> 해설 민주주의적 이해를 지향하는 스피노자에게 있어서, 군주정의 통
> 치자라고 하더라도 그가 무소불위의 권력을 갖도록 허락하지 않는
> 다. 그러므로 스피노자는 소위 '국가장치'라고 할 만한 것을 국가권
> 력의 진정한 담지자로 구성한다. 군주정에서는 뒤에서 다루어지는
> '고문관'과 같은 것이 그것이며, 이러한 장치를 통해서 결국 민주화
> 과정에 참여하게 된다.

어느 누구도 아무리 주의를 한다고 해도, 잠을 자지 않을 수는 없기 때문이다. 아무리 강하고 공정한 사람이라고 해도, 때때로 — 정신력이 가장 필요한 그 순간에 — 그의 목적을 이루지 못하거나 스스로를 극복할 수 없을 수 있기 때문이다. 자신도 할 수 없는 것을 다른 사람에게 요구하는 것은 확실히 어리석은 일이다. 말하자면, 자신의 이익보다 다른 사람의 이익에 더욱 주의를 기울이는 것이나, 탐욕이나 시기, 야망과 같은 정념

들로부터 자유로울 것을 요구하는 경우이다. 온갖 종류의 정념에 매일같이 강한 유혹을 받는 사람은 특히 그러하다.

4. 그러나 반대로 경험이 가르치는 것은, 전체 권력을 한 사람에게 주는 것이 평화와 화합을 위해서 필요하다는 것이다.

> 해설 한 사람에게 절대적 권력을 전적으로 부여할 수 없지만, 힘이 한 사람에게 모아지는 것은 국가의 안정을 위해서 필요하다.

터키만큼 현격한 변화 없이 그렇게 오랫동안 지속된 국가는 없었다.

> 해설 터키는 고대국가시대를 거쳐서 1281년 오스만제국이 성립되었다. 17세기부터 오스만제국이 쇠퇴하기 시작하였지만, 스피노자 당시까지 같은 형태의 국가를 유지하고 있었으며, 1923년 이후 공화국으로 자리 잡았다.

그러나 반대로 일반 신민을 중요하게 생각 하는 국가 혹은 민주정과 같은 국가들 중 어떤 국가도 오래 지속되지 않은 국가가 없었으며, 또한 그렇게 많은 소요가 일어나는 국가들도 없었다. 만약 예속, 야만, 황폐와 같은 것이 평화로 불린다면, 그보다 더 한 불행은 없을 것이다. 더 격한 싸움들이 주인과 노예 사이보다 부모와 자녀 사이에 비일비재 하게 일어난다. 그러나 아버지의 권리를 소유권으로 바꾸고 자녀들을 노예처럼 다루는 것이 집안일을 꾸려나가는 방법을 개선하는 것은 아니다. 평화가 아니라 예속은, 전체 권력을 한 사람에게 양도함으로써 이루어진다.

<small>해설 진정한 의미의 평화는 개인의 독립성과 안정을 바탕으로 한다.</small>

앞에서 말한 것처럼, 평화는 단순히 전쟁이 없는 상태가 아니라 정신의 연합과 화합이기 때문이다.

5. 실제로 한 사람이 혼자서 국가의 최고 권력을 장악할 수 있다고 상상하는 것은 무엇인가 많이 잘못된 것이다. 우리가 보았던 것처럼(2장), 유일하게 권리를 제한할 수 있는 것은 힘이기 때문이다. 한 사람의 힘은 그렇게 많은 짐을 감당하기에 매우 부적절하다. 그러므로 다중이 왕으로 선택한 사람은, 스스로 자신과 공동의 복지를 위탁할 수 있는 참모들이나 고문관들, 친구들을 찾는다. 그러므로 완벽한 전제 군주정이라고 생각되는 국가도 실제로는 귀족정이며 숨겨진 한 사람에게만 권력이 개방되어 있지 — 그것은 최악의 상황이다 — 않다. 더욱이 나이가 어리거나 약하고 나이가 많은 왕은 허수아비에 불과하다. 이러한 경우에, 국가의 최고 업무를 수행하는 사람이나 왕의 측근에 있는 사람이 최고 권력을 갖게 된다. 음탕한 왕은 종종 이 여자 혹은 저 여자나 아첨꾼들의 변덕에 따라 일들을 처리한다는 것은 더 말할 필요도 없다. 오르시네스는 "아시아에서 여자가 통치한 적이 있다는 것을 들었다. 그

러나 내시가 통치한다는 것은 처음 듣는다"고 말한다.[1]

6. 국가는 늘 적으로부터보다 시민으로부터 더 큰 위협을 받는다는 것이 확실하다. 선한 사람이 거의 없기 때문이다. 그러므로 국가의 모든 권리를 가지고 있던 사람은 늘 적보다 시민에 대한 두려움이 더 크기 때문에, 그는 자신의 안전을 보살피며 그의 신민들의 이익을 고려하기 위해 노력하지 않고, 신민들 특히 학식으로 덕망이 높은 사람들이나 부를 가지고 영향력을 끼치는 사람들에 대해서 음모를 꾸미려 한다.

<small>해설 이것은 국가를 통치하는 사람이 독립적이지 못할 경우이다. 5장 7절에서 언급한 것처럼, 독립적이지 못한 권력자는 다른 사람들을 두려워하며, 그들을 자신의 권력을 위한 수단으로 이용하고 권력을 통해서 정념을 채우려고 한다. 그리고 이를 위해서 온갖 권모술수를 두려워하지 않는다. 이러한 자들은 이성에 인도되지 못하며 결국 국가에 혼란을 가져올 뿐이다.</small>

7. 게다가, 왕들은 그들의 아들들을 사랑하기보다 그들을 두려워한다는 사실을 덧붙여야 한다. 왕자들이 전쟁과 평화의 방법에 통달하고 그들의 덕으로 신민들의 사랑을 받게 될수록 더하다.

<small>해설 혈연적으로 계승되는 군주정의 경우, 독립적이지 못한 왕은 자</small>

---

1. *Curtius*, 10장 1.

신의 자녀들에게까지 두려움을 느끼며 그들을 적으로 치부하게 된
다. 욕망은 개인의 내적 법칙이기 때문이다. 이러한 욕망이 자신의
이익만을 추구하며 무질서한 성향으로 나아갈 때, 모든 질서와 관계
들은 무너질 수밖에 없다.

이러한 경우, 왕들은 왕자들이 그들에게 두려움의 대상이 되지 못하도록 왕자들을 교육하려고 노력한다. 대신들은 왕에게 기꺼이 복종하고, 자신들이 마음대로 움직일 수 있는 미숙한 왕이 계승자가 되게 하기 위해서 최선의 노력을 기울인다.

8. 이 모든 것으로부터, 국가의 권리가 왕에게 더욱 전적으로 위탁될수록, 왕의 독립성은 더 적어지며 그의 신민의 상황은 더 불행해진다.

> 해설 이것은 일종의 모순이다. 왕에게 권력이 집중될수록 왕은 힘을
> 얻는 것이 아니라 오히려 힘을 잃을 수 있기 때문이다. 이러한 상황
> 은 권력이 왕을 이성으로 인도하지 않을 때 발생한다. 이때 고문관
> 들의 역할은 왕이 이성의 인도를 받아 독립적인 상태에서 권력을 사
> 용할 수 있도록 도와주는 것이다.

그러므로 군주정을 적절하게 정착시키려면, 발판이 되는 굳건한 기초를 놓을 필요가 있다. 군주의 안전과 다중의 평화를 가져올 그런 기초 말이다.

> 해설 여기서 군주의 안전과 다중의 평화는 대립되지 않는다. 단순히
> 전쟁이 없는 상태를 평화라고 하지 않는 것의 진정한 의미가 이것이
> 다. 군주정이라는 것이 국가의 실체에 대한 개념이기 때문에, 그것은

당연히 통치형태에 대한 개념이기도 하다. 그러므로 네그리는 『전복적 스피노자』에서 권력의 양도와 통치권의 형성에 관한 이론에 따라, 군주제적 군주정, 귀족정치적 군주정, 심지어는 민주적인 군주정도 존재할 수 있다는 것을 지적한다. 다중에 대한 이해를 바탕으로 국가의 권력형태를 이야기하는 『정치론』은 다중에 대해 역동적인 민주주의적 관점을 반영한다.

군주가 다중의 복지를 가장 고려할 때, 그가 가장 독립적이 될 수 있는 그런 기초 말이다. 그러므로 먼저 나는, 군주정의 이러한 기초들이 무엇인가를 간략하게 언급하고, 다음으로 그것들을 순서대로 설명할 것이다.

9. 시민들이 성안에 살건 농사를 짓기 위해서 성 밖에 살건 간에, 그들 모두가 국가 안에서 같은 권리를 누리는, 하나 혹은 그 이상의 도시들이 건립되고 유지되어야 한다. 이러한 조건에서, 각각 도시들은 자신과 공동의 방어를 위해서 일정한 수의 시민을 확보해야 한다. 이것을 확보할 수 없는 도시는, 다른 조항에 따라 종속도시로 간주되어야 한다.

> 해설 국가에 속해있는 도시들이 같은 권리를 누리는 것은 그들이 같은 힘을 가져야 각각의 독립성을 유지할 수 있기 때문이다. 각각의 도시들이 갖는 독립성이 국가의 독립성의 근간이 될 수 있다.

10. 군대는 시민으로부터만 구성되어야 하며 그 외의 사람은 가능하지 않다. 그러므로 모든 사람은 무기를 가질 의무

가 있다. 훈련받고 해마다 일정한 시기에 훈련하도록 서약할 때까지 시민의 한 사람으로 간주될 수 없다. 다음으로, 각 씨족의 군대는 대대와 연대로 나누어지며, 군사기술을 숙지하지 못한 사람은 대대의 대장으로 선택될 수 없다. 대대와 연대의 사령관은 종신직으로 선출되지만, 씨족 전체의 군대 사령관은 전시에만 선출되며 대개 일 년의 임기를 가진다. 임기가 지속되거나 그 후에 재선되는 것은 불가능하다. 씨족 전체의 군대 사령관은 왕의 고문관들이나 고문관을 역임했던 사람들 중에서 선출된다. 그들에 대해서는 15절 이후에서 다룰 것이다.

11. 각 도시의 도시민과 농민, 즉 모든 시민들은 이름과 기장旗章으로 구분되는 씨족들로 나누어지며, 이 씨족들 중 하나에서 태어난 모든 사람들은 시민으로 간주된다. 그들이 무기를 다룰 수 있게 되고 자신들의 의무를 알게 되는 나이에 이르면, 그들의 이름은 그들의 씨족의 명부에 기록된다. 죄를 범해서 권리를 박탈당한 사람이나, 말을 못하는 사람, 미친 사람, 일종의 노예와 같은 일로 생활을 유지하는 하인들은 제외된다.

12. 논밭과 전체 토지, 그리고 가능하다면, 집도 공공의 소유, 즉 국가의 권리를 장악하고 있는 사람의 소유로 해야

한다. 그리고 도시민이건 농민이건 간에, 그것들에 대해서 시민에게 매년 세금을 부과해야 한다. 이것들을 제외하면, 다른 것들은 세금을 없애거나 평화 시에 모든 종류의 세금을 면제한다. 이 세금의 일부는 국가방위에 사용되고, 일부는 왕의 개인적 용도로 사용된다. 평화 시에, 전쟁에 대비해서 도시를 강화하고 배와 전쟁을 위한 다른 군수품을 준비하는 것은 당연한 일이기 때문이다.

해설 지금은 당연한 것이 된 개인의 사유재산권은 근대의 시발점에 여러 논의들을 거치면서 승인되었다. 그 첫머리에 있는 사람이 로크(John Locke, 1632~1704)이다. 로크는 자유롭고 평등하게 태어난 인간은 정치 공동체에서도 자유롭고 평등한 상태를 지속할 수 있어야 한다고 전제한다. 그런데 로크는 홉스와 달리, 인간의 자연상태를 전쟁상태로 보지 않고 이성적으로 협력할 수 있는 상태로 이해한다. 그리고 자연상태에서도 별 무리 없이 생활할 수 있는 이러한 인간이 정치 공동체를 택한 이유를 사유재산권에서 찾는다. 그러나 로크의 사유재산권은 자연에 대한 인간의 점령이 아니라 노동에 따른 행위의 결과로 주어지는 것이다. 이러한 사유재산권은 정치적 권리를 내포한 것으로 그 중요성이 강조되었다. 그러나 점차 사유재산권의 정치적 의미보다 경제적 의미가 부각되었고, 사유재산권은 정치적으로 자유로운 인간의 필수조건이라는 전제가 사라졌다. 그러므로 이러한 상황에서 스피노자는 오히려 부동산에 대한 사유재산을 인정하지 않음으로써, 최소한의 평등성을 유지하고 정치적 권리를 보장하려는 듯하다. 정치적 의미가 퇴색되고 경제적 가치로 환원된 사유재산권이 다중의 독립성을 근본적으로 해칠 수 있는 가능성이 있다고 생각하기 때문이다.

13. 한 씨족에서 왕을 선출한 후에는, 왕의 자손들만 귀족으로 인정되며, 그들은 왕족기장王族旗章으로 자신의 씨족을 다른 씨족들과 구분할 수 있다.

14. 통치하고 있는 왕의 친족이며 혈족의 세 번째나 네 번째 순위 안에 드는 남자 귀족들은 결혼하지 말아야 한다. 그리고 만약 그들이 아이들을 가진다면, 그들은 사생아로 간주되어야 하고 어떤 작위도 얻을 수 없으며 그들의 부모의 상속자로서 인정될 수 없고 그 부모의 재산은 왕에게 귀속되어야 한다.

> 해설 혈족에 의해서 왕위가 계승되는 상황에서 왕의 자손이 많아지면 구조적인 불평등이 유발될 수밖에 없기 때문이다.

15. 더욱이 작위에 있어서 왕 다음인 왕의 고문관들은 많이 있어야 하며 시민들로부터만 선출될 수 있다. (씨족원의 수가 600명을 넘지 않는다는 조건에서) 각각의 씨족에서 3명, 혹은 4명, 5명 정도가 적당하며, 그들은 이 의회의 한 부분을 구성할 것이다. 임기는 종신이 아니라 3년, 혹은 4년, 5년이 적당하고, 해마다 그들의 1/3, 혹은 1/4, 1/5이 새롭게 선출되어야 한다. 이 선출과정에서 우선적으로 고려해야 할 것은, 각 씨족으로부터 적어도 한 사람의 고문관은 법률가로 선출해야

한다는 것이다.

해설 군주정에서는 다중의 역할이 미미할 수밖에 없다면, 고문관은 군주정에서 독재의 위험을 막아주는 중요한 역할을 통해서 스피노자의 민주주의적 전망을 받쳐준다.

16. 고문관의 선출은 왕 스스로 해야 하며 그가 새로운 고문관을 선출할 시기를 정해야 한다. 각 씨족들은 50세 이상 된 자 중에서 이 관직의 후보로 적절하다고 추천된 모든 시민들의 이름을 왕에게 제출해야 한다. 그러면, 왕은 이들 중에서 마음에 드는 자를 선택할 것이다. 그러나 어떤 씨족의 법률가가 새로 선출되는 해에는, 오직 법률가들의 이름만을 왕에게 제출해야 한다. 정해진 기간에 이 직책을 역임했던 사람은 그것을 지속할 수 없으며 5년 이상 후보명단에 등재될 수 없다.

각 씨족으로부터 매년 한 사람이 선출되어야 하는 이유는, 의회가 경우에 따라 경험이 없는 초보자로만 구성되거나 또는 일에 익숙한 원로들만으로 구성되거나 하는 일이 없도록 하기 위해서이다. 모든 사람들이 동시에 은퇴하고 새로운 사람들이 그들을 대신할 때, 필연적으로 이러한 상황이 생길 수 있기 때문이다. 그러나 매년 각각의 가문에서 한 사람이 선출된다면, 기껏해야 의회의 1/5이나 1/4, 1/3 정도가 신임자로 구성될 것이다. 더욱이 왕이 다른 일이나 다른 이유로 이를 선출할 수 없게 된다면, 왕이 다른 사람을 결정하거나 의회의 선출을 승인할 때까지, 고문관들 스스로 잠정적으로 다른 사람을 정할 수 있다.

17. 이 의회의 주요한 기능은 국가의 근본적인 법을 보호하며, 공동의 선을 위해서 행해야 하는 것을 왕이 알아서 통치할 수 있도록 조언하는 것이다. 무엇보다도 이 의회의 의견을 듣지 않고는, 왕이 어떤 문제도 결정할 수 없기 때문이다. 그러나 일반적으로 발생하는 사태로, 의회가 하나로 일치하지 못하고, 같은 주제를 두 번이고 세 번이고 토론한 후에도 여러 의견으로 나누어진다면, 더 이상 지체하지 말고, 다른 의견들을 왕에게 제출해야 한다. 이에 대해서는 25절에서 다룰 것이다.

18. 그리고 왕의 지시나 법령을 공포하는 것, 국가적 업무에 관하여 어떤 법령을 실행할 것인지를 아는 것, 왕의 대리인으로서 국가 전체의 행정을 감독하는 것 등도 이 의회의 의무이다.

19. 시민들은 이 의회를 통하지 않고 왕에게 나가면 안 된다. 시민들이 왕에게 제출하는 모든 요구와 탄원은 이 의회에서 처리된다. 다른 국가들의 사절들은 이 의회를 통하지 않

으면, 왕에게 전언할 기회를 얻을 수 없다. 다른 곳에서 왕에게 보낸 편지들은 이 의회를 통해서 왕에게 전달되어야 한다. 그러므로 대개 왕은 국가의 정신으로 간주되어야 하고, 의회는 정신의 외적 감각이나 국가의 몸으로 간주될 수 있다. 이 몸을 통해서, 정신은 국가의 상태를 이해하고 스스로를 위해서 가장 좋은 것을 판단하도록 행동한다.

> 해설 플라톤 이후 데카르트에까지 이어지는 이원론적 사고방식에서 정신은 몸보다 우월하지만, 몸과 정신의 관계에 대한 스피노자의 입장은 데카르트를 넘어서는데, 이것을 평행론이라 부른다. 이 논제는 몸과 정신 사이의 실질적인 인과성이나 우월성을 인정하지 않는다. 이러한 맥락에서, 스피노자가 왕과 의회의 관계를 정신과 몸의 관계에 유비시킨 것은 의미심장하다. 이러한 유비는 정신(왕)과 몸(의회) 사이에서 어느 한 편으로 기울이지 않는 힘의 균형을 강조하기 때문이다.

20. 왕의 아들들의 교육에 대한 배려도 이 의회의 몫이다. 유년기나 소년기의 왕자를 후계자로 놓고 왕에게 변고가 생겼을 때, 의회는 후견자의 임무를 맡는다. 그 동안에 의회는 왕이 없는 사태를 막기 위해서, 합법적인 상속자가 통치할 수 있는 나이에 이를 때까지, 국가의 원로 귀족들 중 하나로 하여금, 왕의 임무를 대신할 수 있도록 해야 한다.

21. 이 의회에 선출되기 위한 후보들은 통치체제와 그들

이 복종하고 있는 국가의 기초, 국가의 상태나 상황을 알아야 한다. 법률가의 직분을 담당하려는 사람은, 자신이 복종하고 있는 국가의 통치와 상태 외에, 자신의 국가가 교류하고 있는 다른 국가의 상황들에 대해서도 그와 같이 능통해야 한다. 그러나 법적인 결격사유가 없다고 하더라도 50세에 이르지 못했으면, 어떤 사람도 후보 명단에 이름을 올릴 수 없다.

> 해설 스피노자에게 있어서 50세는 정념보다 이성에 이끌리는 나이이다. 스피노자는 50세라는 나이를 지식이 아니라 삶의 지혜를 드러낼 수 있는 시기로 학식과 상관없이 가장 좋은 조언을 할 수 있다고 보는 듯하다.

22. 의회의 모든 구성원들이 참석하지 않으면, 이 의회에서 국가의 일들을 결정할 수 없다. 그러나 누군가가 병이나 다른 원인으로 참석할 수 없다면, 그는 자신의 씨족 중 한 명을 대신해서 보내야 한다. 이 경우, 그 사람은 고문관의 직분을 역임했거나 후보명단에 오른 사람이어야 한다. 그러나 만약 그가 이러한 절차를 행하지 않아서, 그의 부재로 인하여 의회가 어떤 의제를 강제로 연기해야만 한다면, 그에게 막대한 액수의 벌금을 부과해야 한다. 그러나 이것은, 전쟁과 평화, 혹은 법의 폐기나 제정, 무역 등등과 같이, 국가 전체에 영향을 끼치는 사안의 경우에 해당된다. 만약 의제가 탄원과 같이, 단지 하나 혹은 두 개 정도의 특정 도시에나 영향을 끼

치는 사안이라면, 그것은 의회의 과반수가 참석하는 것으로 충분하다.

23. 씨족들 사이에 완벽한 동등성을 유지하고 의석이나 의견 개진, 발언에 정연한 질서를 유지하도록 하기 위해서, 모든 씨족은 회의에서 교대로 의장직을 담당한다. 매 회의마다 다른 씨족이 의장직을 담당하는데, 한 회의에서 우두머리가 된 씨족은 다음 번 회의에서 마지막 자리에 앉는다. 그러나 같은 씨족의 회원들 사이에서는, 선임자가 상석을 차지한다.

해설 몸으로서의 의회가 중요하다면, 그 의회 안에서도 권력의 순환이 이루어져야 하는 것은 당연하다.

24. 국가의 행정에 관하여 담당자들에게 설명을 요구하고, 업무의 상태를 확인하고, 그 외에 결정을 필요로 하는 일이 있는지 알기 위해서, 이 의회는 적어도 1년에 4번 소집되어야 한다. 많은 수의 시민들이 공공의 업무를 위해서 일관되게 시간을 낸다는 것은 불가능한 듯 보인다. 그럼에도 불구하고 공공의 업무들은 지속적으로 진행되어야 한다. 그러므로 이 의회에서 50명 이상의 사람들을 선출하여서, 의회가 열리지 않는 동안 그 일을 담당하도록 한다. 이들은 왕실 옆에 있는 방에서 매일 모임을 가져야 한다. 그들은 국고, 도시, 방어시설,

왕자들의 교육, 그리고 일반적으로 우리가 열거했던 대의회의 모든 업무들을 매일 담당해야 한다. 그러나 결정을 내릴 수 없는 새로운 의제들에 대한 토의는 제외된다.

25. 의회의 모임에서, 회의에 의제가 제출되기 전에, 그 회의에서 상석을 차지하고 있는 5명, 6명, 혹은 그 이상의 씨족들의 법률가들이 왕의 시중을 들어야 한다. 만약 탄원서나 편지가 있다면, 그들이 그것들을 왕에게 전달하고, 업무의 진행상황을 왕에게 보고하며, 마지막으로 왕이 그 의회에서 논의하도록 그들에게 제안하고자 하는 것을 듣는다. 그들이 이것을 들었다면, 그들은 의회에 돌아가서 선임자가 토론을 주관하도록 한다. 그러나 그들 중 누가 보아도 중요하다고 생각되는 문제에 대해서는, 당장에 표결하지 않고 그 일의 긴박성이 허락하는 만큼 날짜를 연기하도록 한다. 정해진 시기까지 의회가 연기되면, 그 동안 모든 씨족의 고문관들은 각각 그 문제에 대해서 논의할 수 있으며, 만약 그들이 그 문제를 심각하게 생각한다면, 고문관을 역임했던 다른 사람들이나 의회에 후보로 등록된 사람들에게 조언을 구할 수 있다.

그리고 만약 지정된 기간 내에 씨족의 고문관들이 그들 사이에 일치를 이루지 못한다면, 각각의 씨족은 하나의 표결권만 갖기 때문에, 그 씨족은 투표권을 상실한다. 그러나 그렇지 않은 경우에는, 의회 전에, 그들이 가장 좋은 것이라고 결정한 의견을 씨족의 법률가에게 제출한다. 나머지 씨족들도 그렇게 한다. 모든 의견에 대한 이유를 청취한 후에, 의회의 과반수가 그 문제를 다시 고려하는 것이 적당하다고 생각하면, 모든 씨족이 최종의견을 결정할 수 있도록, 날짜를 다시 연기한다. 마침내, 전체 의회 전에 투표를 하며, 최소한 100개의 표를 얻지 못하면 부적절한 것으로 간주된다. 그러나 다른 의견들은 회의에 참석한 모든 법률가들에 의해 왕에게 제출된다. 그러면 모든 분파들의 논의를 들은 후에, 왕은 그가 원하는 의견을 선택한다. 그리고 법률가들은 왕에게서 나와 의회로 돌아온다. 거기서 모든 사람들은 왕이 지정한 시간까지 왕을 기다린다. 모든 사람들은 제출된 의견들 중에서 왕이 어떤 것을 받아들이기에 적당한 것으로 생각했는지를 듣고, 그가 결정한 것을 행해야 한다.

26. 재판을 집행하기 위해서, 다른 의회는 법률가들로 구성되어야 한다. 법률가들은 소송이나 구형 등을 집행해야 하는데, 그들이 한 모든 판결들은 당시의 대의회의 구성원들에 의해서 심사 받는다. 재판의 절차가 편파적이지 않고 정당하게 진행되었는지에 대한 것이다. 만약 패소한 쪽에서, 재판관이 상대방에 의해서 매수당했다거나, 재판관과 상대방 사이에

서로 우호적일 근거가 있다거나, 혹은 재판관과 자신이 서로 적대적일 근거가 있다거나, 마지막으로 일반적인 재판의 과정이 지켜지지 않았다는 것을 입증한다면, 그 소송은 원래 상태로 되돌려진다. 그러나 아마도 범죄사건의 경우, 증거에 의하지 않고 고문으로 피고인을 유죄 판결하려는 사람은 이것을 지키지 않을 것이다. 무엇보다도 나는 국가를 통치하는 가장 좋은 체제에 도움이 되는 재판과정 외에 다른 것은 염두에 두고 있지 않다.

27. 재판관들은 다수여야 하며 홀수로 구성되어야 한다. 예를 들면 61명이나 적어도 41명은 되어야 한다. 한 씨족에서 한 사람 이상 선출될 수 없으며 종신으로 할 수 없다. 매년 일정 수의 재판관들이 은퇴하고, 다른 씨족의 사람으로 대치되어야 한다. 연령은 40세라야 가능하다.

> 해설 의회의 구성원의 나이를 50세로 하는 반면, 재판관의 나이를 40세로 하는 것은, 재판관에게는 법이라는 기준이 있기 때문인 듯하다.

28. 이 의회에서, 모든 재판관이 출석하지 않으면, 어떤 판결도 공표될 수 없다. 그러나 어떤 재판관이 병이나 다른 이유로 오랫동안 이 의회에 참석할 수 없다면, 그 기간에 그 사람을 대신할 다른 사람을 선출해야 한다. 투표를 할 때, 그

들은 큰 소리로 자신들의 의견을 말하면 안 되며 비밀투표로 자신들의 의견을 표출해야 한다.

29. 이 회의와 앞에서 언급한 의회에서, 다른 사람을 대신한 사람들은, 처음에는 그들이 사형을 선고한 사람들의 소유와 벌금으로 받은 과태료로 대가를 지불 받는다. 다음에는, 그들이 시민의 탄원을 판결한 것에 대해서, 양쪽의 의회에서 소득으로 처리된 것의 전체 총합의 일정 부분을 받는다.

30. 모든 도시들에는 다른 하위의 의회들이 있다. 마찬가지로, 그 의회의 구성원들은 종신으로 선출될 수 없으며 부분적으로 매년 새롭게 선출되어야 하며 그 씨족 출신으로 그곳에서 살고 있어야 한다. 이에 대해서 더 언급할 필요는 없다.

31. 평화 시에는 군대에 보수가 지급되지 않는다. 그러나 전쟁 시에는, 매일의 노동으로 삶을 유지하는 사람들에게만 보수가 지급된다. 사령관들과 대대의 다른 장교들은, 전리품 외에 전쟁으로 어떤 이득도 취할 수 없다.

32. 만약 외국인이 그 나라 시민인 여자와 결혼한다면, 그의 자녀들은 그 시민으로 간주되며 그들의 어머니의 씨족의

명부에 등재된다. 외국인 부모들을 두었지만 그 국가 안에서 태어나고 양육된 사람들은, 일정한 대가를 지불하고 수천의 씨족들의 족장들 중 누구에게서라도 시민권을 살 수 있고 그 씨족의 명부에 등재될 수 있다. 수천의 족장들이 뇌물에 눈이 어두워서 일정한 금액보다 적게 받고 외국인을 그들의 시민으로 인정한다고 하더라도, 국가에 어떤 해도 끼치지 않기 때문이다. 오히려 시민의 수를 더욱 쉽게 증가시키고 사람들의 수를 증대시킬 수 있는 방법이 강구되어야 한다. 시민으로 등재되지 않은 사람들의 경우에, 적어도 전쟁 시에, 그들이 강제노동이나 세금을 면제받아야 한다는 것은 공평하지 않다.

33. 평화 시에 다른 국가에게 보내는 사절은 귀족 중에서만 선출될 수 있다. 그들의 비용은 국고로부터 지원 받으며 왕의 개인적 재산으로 충당되지 않는다.

34. 궁궐에 출근하며 왕의 부하로서 왕의 개인적인 재산을 지불 받는 사람들은 국가의 모든 관직과 직무에서 배제되어야 한다. 내가 "왕의 개인적인 재산을 지불 받는 사람"이라고 표현할 때, 왕의 경호원은 제외된다. 왕의 도시의 시민 외에, 왕의 문 앞에서 교대로 지켜야 하는 다른 경호원은 없기 때문이다.

35. 전쟁은 평화의 목적을 위해서만 가능하며, 이러한 목적 때문에 무기도 없애야 한다.

해설 전쟁의 권리가 타당성을 얻는 것은, 그것이 국가의 코나투스라는 본성에 바탕을 두고 있기 때문이다. 그러므로 국가의 평화를 유지하기 위한 목적 외에, 정념에 따라서 전쟁을 일으키는 것은 그 타당성을 인정받을 수 없다.

전쟁의 권리에 의해서 도시들을 침략하고 적들을 정복해서 평화협정이 체결된다면, 정복된 도시들에 수비군을 주둔시키지 말아야 한다. 평화협정을 받아들인다면, 적들 중 누구라도 대가를 치르고 그 도시들을 되찾을 수 있도록 한다. 그러나 전략적으로, 입지적인 위험성 때문에, 잠재적인 불안의 요소가 항존한다면, 궁극적으로 그 도시들을 파괴해야 하며 주민들을 다른 곳으로 옮겨야 한다.

36. 왕은 외국인과 결혼할 수 없으며 그의 친족들이나 그 국가의 시민들 가운데 한 사람을 부인으로 맞이하여야 한다. 상황에 따라서 왕이 시민들 중의 한 사람과 결혼한다면, 그녀의 가까운 친척들은 국가의 공직에 오를 수 없다.

37. 국가를 분할할 수 없다. 만약 왕이 1명 이상의 자녀를 두었다면, 장자가 왕위를 계승한다. 왕의 자녀들 사이에 국가를 나누는 것이나, 그들 모두에게나 일부에게 국가를 나누지

않고 물려주는 것, 더욱이 왕의 딸들의 지참금으로 국가의 일부를 주는 것은 결코 허락되지 않는다. 공주들이 국가의 상속에 참여한다는 것은 결코 허락될 수 없기 때문이다.

> 해설 왕이 국가를 분할할 수 없는 것은 신민이 부동산을 개인적으로 소유할 수 없는 것과 같다. 왕이 권력을 갖고 있다고 하더라도 왕이 국가를 소유하고 있는 것은 아니기 때문이다. 그러므로 왕은 결코 국가를 분할하거나 임의로 분배할 수 없다. 여기서 특히 상속에서 공주들을 제외시키는 것은 11장에서 언급되고 있는 여자들에 대한 편견과 연결될 뿐 아니라, 혹시 공주가 외국 사람과 결혼할 경우 발생할 수 있는 부당한 상황을 염두에 둔 것이라 할 수 있다.

38. 만약 왕이 남자 후손을 남기지 않고 죽는다면, 혈연상 왕과 가까운 사람이 왕위를 계승받는다. 단, 그는 관계를 청산할 수 없는 외국인 여자와 결혼하지 않았어야 한다.

39. 각각의 시민들은, 비록 그들이 왕의 모든 명령과 대의회에서 공포된 법령을 매우 불합리하다고 생각하더라도, 그것들에 복종해야만 한다는 것은 분명하다(3장 5절). 그렇지 않으면 그들은 복종하도록 법적으로 강제된다.

> 해설 불합리한 법에 대한 복종은 개인의 독립성을 훼손시키며 그러한 복종은 결국 국가 전체의 위기를 초래한다. 그러한 복종은 신민들로 하여금 불안과 혼란, 분노를 일으키기 때문이다.

만약 국가가 안정되려면, 이러한 것들이 군주정이 세워져야 하는 기초이다. 이에 대해서는 다음 장에서 다룰 것이다.

40. 종교에 대해서, 어떠한 예배당이라 하더라도 공공의 비용으로 세워져서는 안 된다. 그것이 선동적이지 않으며 국가의 근본을 뒤집어엎지 않는다면, 믿음에 대해서 법이 왈가왈부하지 말아야 한다. 자신들의 종교에 대해서 공공의 활동을 허락 받은 사람들은 자신들의 비용으로 예배당을 지을 수 있다. 왕은 자신의 궁전에 자신의 예배실을 가질 수 있으며, 그가 믿는 종교적 행위를 할 수 있다.

> 해설 종교적 자유에 대한 이해는 스피노자의 인간본성에서 중요한 축을 차지한다. 스피노자가 비록 기독교적 사유를 따르고 있지 않지만, 신과 이웃을 사랑하는 실천을 통해서 인간이 자신의 자유를 실현할 수 있다는 것은 그의 철학의 전제라고 할 수 있다.

7

군주정에 대하여(2)

1. 군주정의 기초를 설명했으니, 여기서는 차례로 그 기초의 적합성을 입증하고자 한다. 이를 위해서 우선, 법이 굳건하게 제정되어 있기 때문에 왕이 그것을 폐지할 수 없다는 사실은 결코 모순되지 않는다는 점에 유의해야 한다.

<small>해설 군주정의 왕도 법의 구속력에서 벗어나지 못한다.</small>

페르시아 사람들이 그들의 왕을 신으로 숭배했다 하더라도, 다니엘서에서 볼 수 있는 것처럼,[1] 그 왕은 일단 만들어진 법

---

1. 다니엘서 6장 15절 [다니엘을 궁지에 몰려고 음모를 꾸민 왕의 신하들은, 다리오 왕으로 하여금 30일 동안은 누구든지 다른 사람이나 다른 신을 섬

을 폐지할 권리는 없었다. 그리고 내가 아는 한, 특별한 조건 없이 무조건적으로 선출된 군주는 어디에도 없다. 그러므로 이것은 이성이나 왕에게 해야 하는 절대적 복종에 모순되는 것이 아니다.

국가의 기초들은 왕의 영원한 법령으로 간주되기 때문에, 왕이 법에 반대되는 것을 명령할 때, 그의 명령을 실행하는 것을 거부함으로써, 그의 부하들은 전적으로 법에 복종하게 된다. 우리는 이러한 예를 오디세이를 통해서 분명하게 볼 수 있다.[2] 오디세이가 돛대에 묶여서 사이렌의 노래에 홀려 있을 때, 그는 그의 동료들에게 자신을 풀어줄 것을 온갖 방법으로 명령하며 그들을 협박했다. 그러나 그들은 오디세이를 풀어주지 않음으로써, 그의 명령을 실행했다. 후에 오디세이는 처음에 한 그의 결의에 따라 그에게 복종한 것에 대해서 그의 동료들에게 감사했다. 처음에 한 그의 결의는 그의 선견지명을 보여주는 것이었다.

해설 상대에 대한 복종은 복종을 명령하는 사람의 자유를 전제로 할 때 의미를 가진다. 그러므로 오디세이가 자유롭지 못할 때 한 명령

기지 못하게 하는 명령을 내리게 하였고 어기는 자는 사자굴에 집어넣도록 하였다. 다니엘이 명령을 어기고 야훼를 섬긴다는 것을 빌미로 그들이 다니엘을 사자굴 속에 넣고자 하자, 다니엘을 총애했던 다리오 왕은 근심하며 그를 구할 방도를 찾았지만, 자신이 내린 명령을 철회할 수 없었고, 다니엘은 사자굴 속으로 던져졌다. - 옮긴이].

2. Homer, "Odyssey" 12장 156~200.

보다는 그가 자유로울 때 한 명령이 상대방의 복종을 이끌어내는 데 우선권이 있다.

오디세이의 이러한 예를 따라, 왕이 개개의 사건을 다루면서 그가 제정된 법에 반대되는 어떤 것을 명령한다면, 개인들을 고려하지 말 것, 심지어는 왕까지도 고려하지 말고 재판할 것을 종종 재판관들에게 가르친다. 왕은 신이 아니고, 종종 사이렌의 소리에 유혹될 수 있는 사람이기 때문이다. 만약 모든 일이 한 사람의 일관성 없는 의지에 의존한다면, 어떤 일도 고정될 수 없다. 그러므로 군주정이 견고해지기 위해서, 모든 것이 왕의 법령으로만 행해지도록 명령되어야 하며, 6장 3절, 5절, 6절에서 언급했던 것처럼, 왕의 모든 의지가 법이 되는 것이 아니라 모든 법이 왕의 분명한 의지가 되도록 명령되어야 한다.

해설 군주정의 절대권력이라고 하더라도 그것이 무소불위의 힘을 보유할 수 없다는 것이 스피노자의 가장 중요한 강조점이다.

2. 다음으로는, 기초를 놓는 데 있어서 인간의 정념들을 연구할 필요가 있다는 것을 고려해야 한다.

해설 정념에 이끌리는 삶도 근본적으로는 인간의 코나투스로부터 나오는 것이다. 그러므로 정념도 이성과 동등하게 본성적이지만, 그것은 부적합한 인간의 욕망을 양산할 뿐이다. 인간의 모든 문제가 이렇듯 인간의 정념으로부터 나오기 때문에 국가의 기초를 위해서 인간의 본성을 이해할 필요가 있게 된다.

행해야만 하는 것을 알려주는 것으로는 충분하지 않고, 사람들이 이성에 이끌리건 정념에 이끌리건 간에, 무엇보다도 어떻게 법을 위반하지 않고 철저하게 수행할 수 있는지를 알려주어야 한다.

> 해설 물론 본성상 인간이 이성보다 정념에 이끌리기가 더 쉽지만, 정념들은 서로 대립하고 약해지면서 인간의 내면으로 다시 들어가기도 하고 인간은 스스로 반성하기도 한다. 즉 복수의 욕망은 보복에 대한 불안으로 소멸되며 사랑의 도취는 극복해야 할 장애물과 사랑에 뒤따르는 실망들에 대한 생각으로 중지되기도 한다. 그러나 이러한 내적인 조절은 항상 불완전하며 예측불허하다. 그러므로 외적인 조절이 필요하며 그것을 통해서 소위 국가의 질서가 유지될 수 있다.

국가조직이나 공공의 자유가 법의 지원을 제대로 받지 못한다면, 시민들은 국가를 유지할 수 있는 어떤 보호막도 갖지 못할 뿐 아니라(우리가 6장 3절에서 이야기 한 것과 같이), 멸망의 구렁텅이에 빠질 것이다.

국가가 한 번에 멸망하지 않는다면, 국가의 가장 좋은 상태가 흔들리는 것 보다 더 비참한 사회상태는 없다는 것이 분명하다.

> 해설 단번에 멸망하면 혼란의 기간이 짧지만, 좋은 상태의 국가가 흔들린다는 것은 국가의 불안정이 지속된다는 것이며, 그것은 평화로운 상태라고 말할 수 없다. 신민의 안정과 자유를 보장할 수 없는 국가의 그러한 상태는 멸망보다 더 나쁜 것이라 할 수 있다.

그런데 한 번에 노예상태로 전락하는 것은 매우 불가능하다.

그러므로 신민들이, 불확실하고 무가치하고 무의미한 자유의 조건들을 흥정하고 그들의 후손을 위해서 가장 비참한 노예의 길을 준비하는 것보다, 그들의 권리를 전적으로 한 사람에게 위탁하는 것이 훨씬 더 바람직하다.

> 해설 국가가 신민의 안정을 유지하기 위해서 권력을 하나로 모으는 것은 가능한 방법 중 하나이다.

그러나 만약 내가, 6장에서 언급했던 군주정의 기초가 견고하다는 것, 무장한 대다수 다중의 분노 없이 그것이 폐지되지 않는다는 것, 그 기초로부터 왕과 다중의 평화와 안정이 보장된다는 것을 증명하는 데 성공했다면, 그리고 내가 이것을 보편적인 인간본성으로부터 추론해 낸다면, 누구도 이 기초들이 가장 훌륭하고 진실한 것이라는 점을 의심할 수 없을 것이다(3장 9절과 6장 3, 8절). 그러나 이것이 인간본성이라는 점은, 가능한 한 간략하게 다루고자 한다.

3. 모든 사람들이 알고 있는 바와 같이, 통치권을 장악하고 있는 사람의 의무는, 국가의 상태와 상황을 항상 파악하고, 모든 사람들의 공공의 복지를 보호하며, 신민들의 대다수의 이익을 성취하는 것이다. 그러나 한 사람이 혼자서 모든 일들을 감시할 수 없으며 언제나 정신적 긴장을 유지하며 머리를 쓸 수 없다. 그는 종종, 건강이 좋지 못하거나 나이가 많거나

여러 가지 다른 원인들로 인해서 공공의 업무를 위한 시간을 방해받기도 한다. 그러므로 군주는 업무를 파악하고 왕에게 충고를 해주며 종종 왕을 대신할 수 있는 고문관들을 가질 필요가 있다. 이를 통해서, 통치권 혹은 국가가 항상 한 마음으로 그리고 같은 마음으로 지속될 수 있는 것이다.

4. 그러나 인간본성이 그렇기 때문에, 모든 사람들은 대단히 열정적으로 자신들의 이익을 추구한다. 그리고 자신들의 재산을 보존하고 증식시키기에 필요하다고 생각하는 것이 가장 공평한 것이 되도록 법을 판결하며, 자신들을 보호하는 것이라고 생각하는 한에서 다른 사람의 주장을 지지한다.

> 해설 스피노자의 출발점은 인간의 코나투스이다. 스피노자는 참된 삶으로 이끌어주는 것이 바로 이러한 욕망의 발전이라고 주장한다. 코나투스는 인간의 현존을 변질시키지 않으면서도 초월할 수 있도록 해주는 견고한 원리라고 할 수 있다. 그러나 코나투스를 지닌 개인들이 함께 공동의 목표를 향해서 나아갈 수 있는 것은, 그들이 외부 사물들의 모순된 다양성 속으로 흩어졌다가 스스로 자신을 다시 쟁취하고 재구성하는 작업을 하기 때문이다. 바람직한 코나투스는 새로운 질서, 즉 이성의 질서로 전도되면서 강화되고 해방된다.

그러므로 선출된 고문관들은, 그들의 개인적인 일들과 그들 자신의 이익이 공공의 복지와 모든 사람들의 평화에 의존하게 해야 한다. 만약 각각의 집단과 계층에 속한 시민들 중에서 일정한 사람들이 선출된다면, 그러한 의회에서 가장 많은 표를 얻는다는 것은 대다수 신민들의 이익이 될 것임이 분명하다.

이 의회는 많은 수의 시민으로 구성되어 있기 때문에, 당연히 이 의회에 학식이 그리 충분하지 않은 사람들이 많이 참석하게 됨에도 불구하고, 각각의 사람들이 오랫동안 열심히 행해 왔던 일에 대해서 매우 현명하고 지혜로우리라는 것은 분명하다. 50세가 될 때까지 불명예스럽지 않게 자신의 일을 수행했던 사람들만 선출된다면, 특히 신중을 기해야 할 문제에 있어서 고려할 수 있는 시간이 허락된다면, 그들은 자신들의 업무를 이행하기에 충분히 적합하다.

> 해설 스피노자가 강조하는 이성적인 삶은 반드시 학문적 결과로 이루어지지 않는다. 그것은 삶의 지혜와 덕을 통해서 가능한 것이다.

혹시 소수에 의해서 구성된 의회에는 학식이 충분하지 않은 사람들이 많지 않으리라고 생각한다면, 그것은 사실이 아니다. 오히려 의회의 대부분은 이러한 사람들로 구성되어있음에 틀림없다. 이유인즉, 이러한 경우에 각각의 사람들은 자신의 말에 목숨을 거는 얼간이를 동료로 삼고자 하기 때문이다. 그러나 대의회에서는 이런 일이 일어나지 않는다.

> 해설 이것은 인간본성에 대한 스피노자의 이해를 반영하는 것이다. 인간의 코나투스는 자신의 이익을 위해서 다른 이들을 이용하게 할 수 있기 때문이다. 이러한 상황에서 대의회는 인간의 정념을 완화시킬 수 있는 하나의 가능한 장치이다. 지혜를 담보로 대의회는 정념

에 이끌리는 사람들을 상대적으로 소수로 만들 수 있기 때문이다.

5. 더욱이, 모든 사람들이 통치 받는 것보다 통치하고자 할 것은 분명하다.

해설 독립성이라는 것은 인간의 본성이기 때문이다.

살루스트Sallust, 86~34 BC가 케자르Caesar, 100~44 BC에게 보낸 첫 번째 편지에 썼던 것처럼, "자신의 것을 다른 사람의 지배에 맡기는 사람은 없기 때문이다."[3] 그러므로 대의회에서 일반적으로 발생하는 논쟁을 소요로 발전시키지 않고, 다중 전체가 서로 의견의 일치를 볼 수 있다면, 그들은 결코 몇몇 사람이나 한 사람에게 자신들의 권리를 양도하지 않을 것은 분명하다. 그리고 만약 다중이 자유롭다면, 그들은 자신들의 권한으로 스스로 절대적으로 할 수 없는 것, 즉 분쟁을 종식하고 사형을 집행하는 것 외에 어떤 것도 왕에게 양도하지 않을 것이다.

종종 발생하는 것으로, 전쟁은 왕에 의해서 훨씬 더 잘 수행되기 때문에, 전쟁 때문에 왕을 선출하는 경우가 있다. 그러나 전쟁에서 얻을 수 있는 많은 재산 때문에 평화 시에 노예 상태를 선택해야 한다는 것은 매우 어리석은 일이다. 이는, 단

---

3. 1장 4절. 현재는 살루스트의 진짜 작품으로 인정되지 않는 연설이거나 편지.

순히 전쟁을 목적으로 최고 권력이 한 사람— 전쟁 시에 그의 모든 시민들에게 자신의 가치와 중요성을 가장 보여줄 수 있는 사람 —에게 양도된 국가에서 말하는 평화를 의미한다. 반대로, 민주정의 이점은 전쟁 시보다는 평화 시에 더 많은 장점을 드러낸다는 것이다.

그러나 어떤 이유로 왕이 선출되건 간에, 우리가 이야기한 것처럼, 무엇이 국가에 이익이 되는 지를 왕이 혼자서 알 수 없다. 이것을 알기 위해서는, 우리가 4절에서 이야기한 것처럼, 왕의 고문관들을 위해서 많은 시민들이 필요하다. 그렇게 많은 사람들의 관심을 비껴나갈 수 있는 사안事案이 있을 수 없기 때문에, 이 의회에서 왕에게 제출한 모든 의견들 외에 일반 사람들 복지를 위한 다른 의견을 상상할 수 없다. 일반 사람들의 복지가 최고의 법이거나 왕의 최고의 권리이기 때문에, 왕의 최고의 권리는 모든 의회의 정신에 반反해서 당장에 어떤 법령을 정하거나 어떤 의견을 제시하는 것이 아니라, 의회가 제출하는 의견들 중의 하나를 선택하는 것이다(6장 25절).

그러나 의회에 제기된 모든 의견들이 왕에게 제출되었을 때, 왕이 투표권을 적게 갖고 있는 조그만 도시들을 옹호하는 일이 일어나기도 한다. 의회가 구조적으로, 어떤 사람이 어떤 의견을 지지하는지 언급하지 않은 채, 의견들을 왕에게 제출하도록 규정하고 있지만, 일부의 의견들이 누설되지 않도록 제대로 관리하는 것이 어렵다. 그러므로 최소한 100표를 얻지 못한 의견은 무효로 처리하는 규정은 당연히 있어야 한다. 큰 도시들은 최선을 다하여 이 법을 지지할 것이 틀림없을 것이다.

> 해설 군주정에 대한 스피노자의 이러한 견해는 민주주의에 대한 그의 지향을 그대로 노출하는 것이라 할 수 있다.

6. 내가 간단하게 다루고자 하지 않았다면, 여기서 이 의회의 다른 장점들을 더 이야기하고 싶다. 그러나 가장 중요하다고 여겨지는 것 하나만 언급할 것이다. 최고 명예에 대한 공동의 희망보다 덕에 대한 더 큰 동인動因은 없다는 것이다. 『윤리학』에서 이미 이야기했던 것처럼,[4] 우리 모두는 공명심에 가장 이끌리기 때문이다.

> 해설 실제로 스피노자의 철학은 모든 것이 도덕의 문제로 종속되는 듯하다. 불가피한 인간의 상호성으로 인해서 도덕의 문제가 부각될 수밖에 없으며 윤리학은 존재론적 성격을 갖는다. 이 때문에 윤리학이 스피노자 철학의 전체를 구성하는 요인이 된다. 그러므로 스피노자는 국가에 대한 논리를 펴다가 종종 『윤리학』으로 돌아간다. 정치론에 대한 그의 관심도 결국 여러 종류의 사람들을 어떻게 하나로, 한 목적으로 모을 것인가 하는 것이기 때문이다.

---

4. *Ethics*, iii. 29 &c.

7. 이 의회의 대다수는 전쟁을 하는 데 몰두하지 않을 것이라는 점은 의심할 필요가 없다. 오히려 그들은 평화를 추구하고 또한 평화를 사랑할 것이다. 전쟁은, 그들이 자신들의 재산과 자유를 잃을 것이라는 두려움을 야기시킨다는 점을 제쳐두고라도, 그들이 감당해야 할 새로운 비용을 요구한다는 점을 덧붙여야 한다. 집안일에 전념하고 있던 그들의 자녀들과 친족들은 전쟁에 참여하고 군인이 되어 싸우기를 강요당하며, 결국은 아무 대가도 얻지 못한 채, 상처만 갖고 빈손으로 돌아올 것이다. 우리가 언급했던 대로(6장 31절), 군인에게 아무 것도 지불되지 않기 때문이며, 군인은 오직 시민으로만 구성될 수 있기 때문이다(6장 10절).

8. 평화와 화합을 만들 수 있는 다른 접근방법이 있는데, 이것은 매우 중요하다. 어떤 시민도 부동산을 가질 수 없다는 것이다(6장 12절). 그러므로 모든 사람들은 전쟁 시에 거의 동일한 위험에 직면한다. 옛날에 아테네 사람들이 했던 것처럼, 국내에 거주하는 자들 외에 다른 사람과 이자놀이하는 것을 금하는 법이 제정된다면, 이익을 얻기 위해서 모든 사람들은 장사를 하거나 국내에 있는 다른 사람과 이자놀이를 할 것이다. 그러므로 그들은 한 사람이 다른 사람과 서로 연관성이 있거나 서로의 이익을 위해서 같은 방법들을 필요로 하는 일

들에 종사할 것이다. 그러므로 이 의회의 대다수는 일반적으로 공공의 업무와 평화의 기술에 대해서 한 마음을 가질 것이다. 우리가 언급한 것처럼(4절), 모든 사람들이 그렇게 함으로써 자신들의 것을 지킬 수 있다고 생각하는 한, 그들은 다른 사람의 목적을 지지하기 때문이다.

9. 누군가가 뇌물로 이 의회를 매수하는 일은 일어나지 않을 것이 확실하다. 어떤 사람이 그 많은 정족회원들 중에서 자기 편에 속한 한 두 사람에게 뇌물을 주었다 하더라도, 그는 아무 것도 얻지 못할 것이다. 우리가 이야기했던 것처럼, 최소한 100표를 얻지 못한 의견은 무효이기 때문이다.

10. 우리가 모든 인간의 공통된 정념들을 고려한다면, 이 의회가 한 번 설립되면, 그 구성원들은 더 적은 수로 감소될 수 없다는 것은 쉽게 상상할 수 있다. 모든 사람들은 대부분 공명심에 의해 이끌리며, 건강하게 살고 있는 사람은 누구나 장수하기를 원하기 때문이다.

> 해설 인간의 코나투스는 인간의 사유와 행동의 목적을 자신의 내부에서 찾도록 한다. 인간은 자신의 사유와 행동을 통해서 실제로 존재할 수 있기 때문이다. 스피노자의 이러한 이해는 인간존재에 대한 긍정의 형태로 나타난다.

우리가 실제로 50세나 60세에 이른 구성원들의 수를 계산하고 나아가 매년 이 대의회에서 선출되는 사람들의 수를 계산한다면, 이 명예를 얻으려는 큰 희망에 고무된 사람만이 무기를 들고 싸울 수 있다는 것을 알 수 있다. 그러므로 그들 모두가 최선을 다해서 의회의 이 법을 지지할 것이다.

만약 아무도 모르게 조금씩 진행되지 않는다면, 타락은 쉽게 방지될 수 있다는 점을 유의해야 한다. 소수의 씨족에서 소수의 인원을 선출하거나 한 두 씨족을 배제하는 것보다 각각의 씨족들로부터 소수의 인원을 선출하는 것이 더 쉬운 일이며 불만도 덜 일으킬 것이다. 그러므로(6장 15절) 만약 1/3, 1/4, 1/5이 동시에 파면되지 — 이것은 매우 큰 변화이며 통상적인 관례에 맞지 않는 것이다 — 않는다면, 고문관들의 수는 감소될 수 없다. 어떤 사람도 선출에 대한 지연이나 소홀함을 두려워할 필요가 없다. 의회가 자체적으로 그것을 해결할 것이기 때문이다. 이에 대해서 6장 16절을 참고할 수 있다.

11. 다중에 대한 두려움으로 움직이든, 무장한 다중의 대다수를 자신과 연합시킬 목적을 갖고 있든, 관대한 마음 — 공공의 이익을 고려하려는 희망 — 에 이끌리든, 왕은 항상 가장 많은 표를 얻은 의견, 즉(5절)[5] 국가의 더 많은 사람들의 이익을

---

5. 4절 "그러한 의회에서 많은 표를 받는 것은 대다수 신민들의 이익이 될 것이다"에 대한 오해로 보임

지향하는 의견을 인준할 것이다. 그리고 만약 그가 할 수 있다면, 그에게 제출된 서로 다른 의견들을 화합시키려고 노력할 것이다. 그리고 그는 자신에게 모든 사람들을 예속시킬 것이며(그가 자신의 모든 권리를 동원하여서), 또한 그들은 평화 시에나 전쟁 시에나 왕 자신의 어떤 이점이 그들에게 유리한지를 간파할 것이다. 그러므로 왕이 다중의 공공의 복리를 가장 잘 고려할 때, 그는 가장 독립적이 되며 국가를 가장 잘 소유할 수 있을 것이다.

12. 왕 혼자서 두려움으로 모든 사람을 억압할 수 없다. 우리가 지적했던 것처럼, 그의 힘은 그의 군인들의 수, 특히 그들의 열정과 신뢰에 의존한다. 열정과 신뢰는 인간들 사이에 오랫동안 영속적으로 남아있을 것이며 그것들이 욕구와 합쳐져서 때로는 명예롭게 되기도 하며 때로는 불명예스럽게 되기도 한다. 이것이 일반적으로 왕들이 그들의 군인들을 짓누르기보다 격려하는 것을 좋아하며, 군인들의 덕에 대해서 보다 그들의 불의에 대해서 더 많이 관대한 이유이다. 일반적으로 왕들은 그들의 군인들 중에 가장 훌륭한 사람들을 제압하기 위해서, 게으른 사람들과 방탕함 때문에 스스로를 파멸로 몰아넣었던 사람들을 찾아내어, 그들을 따로 떼어내고 그들에게 금전적 도움을 주거나, 호의를 베푼다. 그리고 그들과 악수

하며 그들에게 키스를 퍼붓고, 그들을 지배할 목적으로 모든 비열한 행동에 몸을 바친다.

그러므로 시민들이 다른 사람들 앞에서 왕에게 특별히 대우받기 위해서, 그리고 사회상태와 법이 허용하는 한에서 그들이 독립적으로 남아있기 위해서, 군인이 시민으로만 구성되어야 하며 시민들 중에서 왕의 고문관들이 나와야 한다는 것은 당연하다. 반대로, 병사를 소집하기 위해서 시민들이 용병들을 허용하는 순간부터, 시민들은 정복당하며 전쟁의 영원한 출발점에 놓이게 된다. 용병들은 전쟁을 장사로 생각하며 싸움과 소요에서 가장 큰 능력을 발휘한다.

해설 무보수로 전쟁에 참여하는 군인들의 열정과 신뢰는 덕으로 이끌릴 가능성이 크지만, 대가를 받는 용병들에게 덕을 기대할 수 없다.

13. 왕의 고문관들을 종신으로 선출해서는 안 되며 3년, 혹은 4년, 5년의 임기를 가진다는 것은 이번 장 9절과 10절에서 분명해진다. 만약 그들을 종신으로 선출한다면, 시민들의 대부분은 이러한 명예를 얻을 수 있는 희망을 상상할 수 없을 것이다. 그러므로 심각한 불평등과 시기, 끊임없는 불평, 소요 등이 일어날 것이다. 지배욕에 불타는 왕은 이러한 것들을 분명히 환영할 것이다.

해설 권력에 대한 희망이 좌절되면 인간은 분노하기 마련인데, 이때 권력에 대한 욕구를 가진 왕은 오히려 신민들의 분노를 자극하고 그것을 압박함으로써 자신의 권력을 과시하고 유지하려고 한다. 그러나 이러한 상황은 결국 국가에 악순환을 초래할 뿐이다.

뿐만 아니라, 자신들의 후계자에 대한 두려움을 없애버린 고문관들은 왕이 반대하지 않는 모든 것에 있어서 전적인 허락을 받을 것이다. 시민들이 그들을 미워하면 할수록, 그들은 왕에게 더욱 매달릴 것이며 그에게 더욱 아첨을 떨 것이다.

물론 5년이라는 기간도 매우 길어 보이기는 한다. 의회가 얼마나 큰 규모이든지 간에, 시간상으로 볼 때, 이 의회의 대부분의 사람들을 뇌물로 매수하거나 호의를 베푸는 것이 불가능하지 않은 듯 하기 때문이다. 그러므로 어떤 씨족의 법률가들이 은퇴하고 그 대신에 새로운 사람이 선출되는 시기를 제외하고, 매년 각각의 씨족들로부터 2명씩 은퇴하고 그만큼 새로운 사람으로 대치한다면(각 씨족의 고문관들이 5명을 넘지 않는 한에서), 훨씬 더 안전할 것이다.

14. 더욱이 이러한 종류의 국가를 통치하는 왕보다 스스로의 안전을 잘 보장할 수 있는 왕도 없다. 왕이 급작스럽게 죽는 경우를 제외하고, 왕의 군인들이 그의 안전을 바라지 않을 때, 왕은 항상 그의 가장 가까운 사람으로부터 심각한 위험에 직면한다는 것은 확실하다. 고문관들의 수가 적고 결과적으로 그들이 더욱 힘이 있으면 있을수록, 왕은 다른 사람에

게 자신의 통치권을 넘겨주어야 할 위험에 더 많이 처한다.

> 해설 고문관의 수가 적다는 것은 각각의 사람에게 부여된 힘이 상대적으로 크다는 것을 의미하며, 이것은 왕의 권력을 위협할 수 있다.

사실, 자신의 고문관인 아히토펠이 압살롬과 같은 편이었다는 것보다 다윗 왕을 더 놀라게 한 것은 없다.[6] 이러한 경우는 흔히 일어난다. 만약 권력 전체가 한 사람에게 전적으로 위탁되었다면, 그것은 한 사람에게서 다른 사람에게로 더욱 쉽게 옮겨갈 수 있기 때문이다.

> 해설 '절대적 통치'가 오직 권력의 단일성만을 의미하며 전제주의적 기능을 할 때, 스피노자는 그에 대해서 단호히 반대한다. 스피노자에게 있어서 '절대적 통치'는 권력의 단일성을 의미할 뿐 아니라 권력의 단일성이 주체들로부터 나오는 힘들의 투영이라는 복합적 의미를 갖고 있기 때문이다. 그러므로 스피노자에게 중요한 개념으로 사용되는 '절대적 통치'는 스피노자의 민주주의적 통치를 구성하는 출발점이다.

두 명의 군인들이 로마제국의 권력을 바꾸려고 의기투합했을 때, 권력의 변화가 일어났다.[7] 나는, 고문관들이 희생당하지 않고 스스로를 보호하기 위해서 행하는 기술들과 교활한 책략들은 언급하지 않겠다. 그것들은 잘 알려져 있을 뿐 아니라 『역사』를 읽은 사람은 고문관들의 선한 충성심이 대개는

---

6. 사무엘하 15장 31절. [다윗 왕의 아들인 압살롬은 다윗의 장군이었던 아히토펠과 힘을 합하여 다윗 왕에게 반란을 일으켰다. – 옮긴이]
7. Tacitus, *Histories*, i.,7.

그들의 멸망으로 이어졌다는 것에 대해서 무지하지 않기 때문이다. 그들 자신의 안전을 위해서, 신실한 자가 아니라 교활한 자가 되어야 하는 것은 그들에게 당연한 일이다.

해설 『역사』는 69년 갈바 황제의 집권으로부터 96년 도미티아누스 황제의 죽음까지의 로마를 다룬다. 혼란한 왕위계승과 복잡한 정치적 상황을 격렬한 반감과 신랄한 풍자로 묘사하고 있다.

그러나 만약 고문관들의 수가 너무 많아서 같은 범죄로 엮어지기 어렵고 그들이 모두 동등한 위치를 점하며 4년 이상 그들의 직무를 수행할 수 없다면, 왕이 고문관들의 자유를 뺏으려고 함으로써 시민들의 비위를 건드리지 않는 한, 그들은 왕에게 두려움의 대상이 되지 못할 것이다. 안토니오 페레즈가[8] 탁월하게 관찰한 것처럼, 절대통치권은 군주에게 매우 위험스러운 것이며 신민에게 매우 가증스러운 것이고 신과 인간의 관례에 반대되는 것이다. 이것은 수많은 예를 통해서 볼 수 있다.

해설 스피노자가 인간의 역사를 통해서 보는 것은 한 개인에게 절대권력이 맡겨졌을 때의 폐해이다. 그러므로 그는 독점적으로 권력을 유지하려고 하는 어떠한 국가도 긍정하지 않는다.

15. 이 외에 6장에서, 우리는 왕이 그의 통치를 안전하게

---

8. 안토니오 페레즈(Antonio Pérez, 1539~1611) : 공화주의자이며 17세기 초반에 루우벤 대학의 법학과 교수이다.

하고 시민들이 평화와 자유를 지킬 수 있는 다른 기초들을 언급했다. 그 기초들에 대해서는 적당한 곳에서 설명할 것이다. 무엇보다도 먼저 나는 대의회에 회부된 가장 중요한 것들을 증명하고자 하기 때문이다. 이제, 내가 언급했던 것과 같은 순서로 다른 것들을 이야기할 것이다.

16. 시민들이 더욱 힘이 있을수록 더욱 독립적이며 그들의 도시가 더욱 크고 더욱 강하게 강화된다는 것은 의심의 여지가 없다. 그들이 있는 공간이 안전할수록 그들이 자신들의 자유를 더 잘 지킬 수 있으며 내부의 적이든 외부의 적이든 간에 그들이 적에 대한 두려움을 적게 가질 수 있기 때문이다. 그리고 힘이 있는 사람들이 더욱 많은 부를 가질수록 그들은 자연적으로 자신들의 안전에 더욱 골몰한다. 그러나 스스로를 보존하기 위해서 다른 도시의 힘을 필요로 하는 도시들은, 그 다른 도시와 동일한 권리를 갖지 못하며, 그들이 누군가의 도움을 필요로 하는 만큼 누군가의 권리에 의존한다. 우리가 2장에서 언급했던 것처럼, 권리는 힘에 의해서만 결정되기 때문이다.

17. 같은 이유로, 시민들이 독립성을 유지하고 그들의 자유를 지키기 위해서, 군인은 시민들만으로 구성되어야 하고

다른 사람들은 배제되어야 한다. 무장한 사람이 무기를 갖고 있지 않은 사람보다 더 독립적이기 때문이다(12절). 그리고 이러한 시민들은, 그들의 무기와 그들의 도시에 대한 방어임무를 맡긴 사람들에게 자신들의 권리를 완전히 위탁하며 선한 믿음을 갖고 전적으로 그것을 그 사람들에게 위임한다. 이 점에서, 대부분의 사람들이 가장 잘 이끌리게 되는 인간적인 탐욕이 중요한 역할을 한다. 큰 비용을 지출하지 않고 용병을 쓰는 것은 가능하지 않기 때문이다. 시민들은 게으른 군인을 유지하기 위해 요구되는 부당한 징수를 견딜 수 없어 한다.

그러나 『역사』를 읽은 사람은 모두 알다시피, 거룩한 것이건 세속적인 것이건 간에, 불가피한 경우가 아니라면 군인 전체에 명령하거나 대부분의 군인들에게 명령하는 사람의 임기는 1년을 넘어서는 안 된다. 이성이 더욱 분명하게 이것을 가르친다는 것은 두 말할 필요가 없다. 확실히 군인들의 칭송을 받고, 왕보다 더 큰 명성을 얻고, 아첨이나 선물, 다른 기술들 — 장군들이 다른 사람을 종속시키고 자신의 지배력을 장악하는 데 능통하게 사용한 방법으로 — 로 자신에 대한 군대의 충성을 확보하기에 충분한 시간을 갖고 있는 사람에게, 국가의 중요한 일들이 위임되기 때문이다.

해설 군인들은 무기를 갖고 있기 때문에, 그들에 대한 지배권은 힘의 강화를 의미한다. 그러므로 군인들을 통솔할 수 있는 사람의 임기를 제한하는 것은 권력의 균형을 위해서 필수적이라 할 수 있다. 군인들의 통치자들은 군인들의 힘을 얻기 위한 온갖 술수들을 통해서 권력이 왕에게서 다른 사람에게 넘어가게 할 수 있기 때문이다.

마지막으로, 국가 전체가 더 안전해지기 위해서, 군인들의 사령관들은 왕의 고문관들이나 고문관을 역임했던 사람들 중에서 선출해야 한다는 점을 덧붙이고자 한다. 그들은 일반적으로 새롭고 위험한 것보다 오래되고 안전한 것을 선호하는 나이에 이른 사람들이다.[9]

> 해설 이것은, 그렇게 신뢰할 수 있는 것은 아니지만, 국가 전복에 대한 위험성을 예비하기 위한 안전장치라 할 수 있다.

18. 시민들은 씨족들로 나누어진다.[10] 그리고 그들의 시민의 수에 비례해서 더 큰 도시들은 더 많은 고문관들을 가지며 공정하게 더 많은 투표를 할 수 있도록 하기 위해서, 각 씨족에서 동일한 수의 고문관들을 선출해야 한다는 것은 이미 언급했다. 국가의 힘과 권리는 국가의 시민의 수에 의해서 평가될 수 있다. 시민들 사이의 동등성을 유지하기 위해서 이보다 더 적절한 방법은 없다고 생각한다. 인간의 본성이 그렇기 때문에, 모든 사람들은 자신들의 종족에 속하기를 원하고 인종적으로 다른 종족들과 구분되기 원하기 때문이다.

---

9. 6장 10절
10. 6장 11, 15, 16절

19. 더욱이 자연상태에 있는 인간은, 땅이건 다른 부동산이건 간에, 어디에도 그것들을 숨길 수 없고 그가 원하는 곳으로 그것들을 가져갈 수도 없기 때문에, 그것들에 대한 권리를 주장할 수도 없고 그것들을 자신의 것으로 주장할 수 없다. 그러므로 위에서 언급한 대로, 땅과 다른 부동산들은, 국가의 공동의 재산임에 틀림없다. 즉 그것들은, 연합해서 그것들에 대한 자신들의 권리를 주장할 수 있는 모든 사람들과 모든 사람들이 그의 권리를 주장하도록 권한을 주었던 사람에게 속한다. 그러므로 땅과 다른 부동산들은, 시민들이 그곳에서 쉴 수 있는 공간과 그들의 공동의 권리와 자유를 지키기 위한 필요에 비례해서 가치를 부여받는다. 8절에서 이미, 국가가 이로부터 필연적으로 이끌어내야 하는 이점에 대해서 언급했다.

20. 가능한 한 시민들이 동등한 관계 — 이는 국가에 있어서 첫 번째로 필수적인 요소인데 — 를 갖기 위해서, 왕의 후손들 외에 누구도 귀족이 될 수 없다. 그러나 왕들의 모든 후손들이 결혼하고 부모가 된다면, 시간이 지남에 따라 그들의 수는 어마어마하게 커질 것이다. 그들은 부담이 될 뿐만 아니라 왕과 모든 사람들에게 커다란 두려움의 원인이 될 것이다. 시간이 남아도는 사람들은 일반적으로 못된 짓을 꾀하기 때문이다. 그러므로 귀족들 때문에 왕들은 전쟁을 일으키도록 유혹 받는

다. 왜냐하면 귀족들에 둘러싸인 왕들은 평화 시보다 전쟁 시에 더욱 편안하고 안전하기 때문이다.

> 해설 평화 시보다 전쟁 시에 절대권력의 위력이 드러난다. 전쟁 시에, 귀족들은 권력자에게 의존하게 되며 이를 통해서 귀족들과 왕의 관계가 더욱 긴밀해질 수 있다. 군주정에서는 가계적(家系的) 연대와 권리에 따른 연대 사이에 긴장관계가 형성되기 때문이다. 그러므로 군주정에서 왕의 기능과 귀족적 특권의 상속이라는 문제가 매우 중요하다.

이는 진저리가 날 만큼 충분히 알려져 있으므로, 이 정도로 그치겠다. 그리고 6장 15~27절에서도 이것을 다루었다. 중요한 것은 이번 장에서 증명되었기 때문에, 나머지는 자체적으로 분명하게 드러난다.

21. 재판관들의 수가 너무 많아서 개인적으로 뇌물의 유혹을 받지 않도록 해야 한다는 것과 투표는 공개적으로 하지 않고 비밀리에 해야 한다는 것, 그들이 활동한 시간에 대해서 대가를 받는다는 것 등은, 모든 사람들이 알고 있다.[11] 그러나 그들이 보편적인 관례대로 연봉을 받는다면, 그들은 탄원을 결정하는 것을 서두르지 말아야 한다. 어떤 재판은 종종 끝이 안 나기도 한다. 다음으로, 압수한 재산이 왕에게 귀속되는 재

---

11. 6장 27, 28절

판에서, 종종 재판에 진실도 없고 권리도 없으며, 관심은 오직 사람들의 재산의 정도에 집중된다. 정보를 제공하는 사람들은 바쁘게 움직이며, 재산을 갖고 있는 모든 사람들은 먹이로 잡히고, 극악무도하고 견딜 수 없다고 하더라도, 복지의 이름으로 악이 집행된다. 평화 시조차 이러한 일이 지속된다.

기껏해야 2년 혹은 3년의 임기를 가진 재판관들의 탐욕은 그들의 후계자들에 대한 두려움으로 완화된다. 다시 말할 것도 없이, 그들도 부동산을 소유할 수 없으며 그들의 동료들, 즉 시민들에게 이자를 받고 돈을 빌려주어야 한다. 그리고 우리가 보았던 것처럼, 특히 재판관들의 수가 많을 때, 그들은 시민들에게 반하는 음모를 꾸미기보다 시민들의 복지를 고려하도록 강요된다.

22. 우리가 이미 언급했던 것처럼, 군인에게 어떤 대가도 지불하지 않는다는 것에 동의해야 한다.[12] 군복무에 대한 최고의 보상은 자유이다. 자연상태에서 모든 사람들은 적나라한 자유를 위해서, 최선을 다하여 스스로를 지키려고 노력하며, 자신의 독립 외에 전투적인 덕의 다른 보상을 기대할 수 없다. 그러나 사회상태에서 모든 시민들은 한 덩어리로 자연상태에

---

12. 6장 31절

있는 한 인간으로 간주된다. 그러므로 모든 사람들이 국가를 위해서 싸울 때, 각각의 사람들은 스스로를 지키고 있는 것이며 그들 자신의 일을 하고 있는 것이다.

> 해설 마키아벨리의 '집단의식'과 유사하다. 국가의 주인은 군주가 아니라 집단으로서의 공동체이기 때문에, 전쟁터에서 싸우는 것은 집단 공동체의 구성원으로서 집단의 자유를 위해서 싸우는 것이다. 이러한 집단의식 속에서 군주는 한 사람의 지도자일 뿐, 궁극적으로 국가의 주인이 될 수 없다. 유사한 맥락에서, 스피노자는 국가를 위해서 싸우는 것은 결국 자신을 위해서 싸우는 것이며 자신을 지키는 일임을 강조한다. 전쟁이 시민 개개인의 자유를 위한 것일 때, 전쟁은 개인과 국가의 안정을 보장할 수 있다는 면에서 정당성을 확보한다.

그러나 고문관들이나 재판관들, 행정가들은 그들 자신의 일이라기보다 다른 사람의 일에 관여하는 것이다. 그러므로 그들이 활동한 시간에 대해서 대가를 지불하는 것은 당연하다. 더욱이 전쟁 시에, 자유에 대한 신념보다 승리에 대한 더 크고 명예로운 자극은 있을 수 없다. 그러나 반대로, 시민들 중의 일부가 군인으로 임명되고 그와 관련해서 그들에게 일정한 대가를 지불할 필요가 있다면, 당연히 왕은 그들을 다른 사람들보다 편애할 것이다(12절에서 보았던 것처럼). 즉 왕은 전쟁의 기술에만 능통한 사람들을 구분할 것이며, 평화 시에 그들은 시간이 남아돌아서 방탕하게 되고 마침내 궁핍해져서 강탈이나 시민 사이의 불화와 전쟁 외에 다른 것을 생각하지 않을 것이다. 그리고 우리가 확신할 수 있는 것처럼, 사실상 이러한 종류의 군주정은 전쟁상태이며, 그곳에서는 오직 군인만이 자유를 누리고 다른 사람들은 노예상태에 처한다.

23. 외국인들을 허용하는 것에 대해서 우리의 입장(6장 32절)이 분명하게 드러났다고 생각한다. 그 외에, 왕의 혈족은 왕과 떨어져 있어야 하며 호전적인 일이 아니라 평화적인 일을 담당해야 한다는 것을 누구도 의심할 수 없다. 그럴 때, 그들은 신뢰를 얻고 국가는 평안할 것이다. 터키의 독재자들은 이것이 충분한 예방책이 되지 못한다고 생각한 듯하다. 그러므로 그들은 자신들의 모든 형제들을 반드시 학살하도록 한다. 놀랄 일은 아니다. 통치권이 한 사람에게 전적으로 몰릴수록, 우리가 예를 통해서 보았던 것처럼(14절), 그것은 더 쉽게 한 사람에게서 다른 사람에게로 옮겨갈 수 있기 때문이다.

> 해설 절대권력의 이동은 훨씬 더 폐해가 크다. 권력이 분산되지 않은 상태에서의 급격한 변화는 혼란을 일으킬 가능성이 더 많기 때문이다.

그러나 우리가 가정했던 군주정, 즉 외인부대가 존재하지 않는 군주정에서는, 우리가 언급한 방식이 왕의 안전을 충분히 보장한다는 것에 의심의 여지가 없다.

24. 우리가 6장의 34와 35절에서 말했던 것에 대해서 누구도 의문을 갖지 않는다. 왕이 외국인과 결혼하면 안 된다는 것은[13] 쉽게 입증될 수 있다. 조약으로 연합되어있다고 하더라도 두 국가들이 여전히 적대적인 상태에 있다는 것과 무관하게(3장 14절), 왕의 가정적 문제로 전쟁이 일어나는 것은 피해야 한다.

> 해설 왕의 국제결혼은 왕 개인의 문제와 국가 간의 문제라는 이중성을 갖기 때문에 더 복잡한 문제를 야기할 수 있다.

분쟁과 불화는 특히 결혼에 기초한 동맹으로부터 생기며 두 국가의 문제들은 대부분 전쟁으로 이어지기 때문이다. 이에 대해서 우리는 성서에서 치명적인 예를 볼 수 있다. 이집트의 공주와 결혼했던 솔로몬이 죽은 후에, 그의 아들 르호보암은 이집트의 왕인 시샤크와 가장 끔찍한 전쟁을 일으켰고 결국은 그에게 정복당했다.[14] 더욱이 프랑스 왕 루이 14세와 필립 4세의 딸과의 결혼은 새로운 전쟁의 씨앗이 되었다.[15] 이 외에, 역사 속에서 수많은 예들을 볼 수 있다.

---

13. 6장 36절
14. 열왕기상 14장 25절; 역대기하 12장 [솔로몬과 외국여인들과의 결혼은 이스라엘의 확장에 많은 역할을 하였지만, 또한 분쟁의 원인이 되기도 하였다. - 옮긴이].
15. 프랑스와 스페인 사이의 전쟁으로 1665년 첫 번째 엑스라샤펠(Aix-la-Chapelle) 평화조약으로 끝났다.

25. 국가의 형태는 하나가 일정하게 유지되어야 한다. 왕은 하나이며 같은 집안에서 나와야 하고 국가는 분열되어서는 안 된다.[16] 왕의 장자가 권리에 따라 그의 아버지를 계승하거나 (다른 자손이 없다면) 왕과 가장 가까운 혈족이 왕을 계승해야 한다는 것에 대해서는, 6장 13절에서 분명히 드러났다. 다중에 의해서 이루어진 왕의 선출은 가능한 한, 영원히 지속되어야 하기 때문이다. 그렇지 않으면, 국가의 최고 권력이 종종 다중에게 넘어가는 일이 일어날 수밖에 없다. 그것은 극단적이며 지나치게 위험한 변화이다.

> 해설 스피노자가 다중에 대해서 이야기할 때 그 개념은 다소 모호하다. 다중은 법적인 주체가 될 수 있기도 하지만, 한편으로 스피노자는 다중이 이성의 밖에 있으며 다중들은 고결한 것을 이해할 능력이 없다고 단언하기도 한다. 여기서도 다중에 의해서 선출된 왕은 인정하지만, 다중에게 권력이 넘어가는 것은 위험하다고 이야기한다. 일견 모순되어 보이는 이러한 주장은 다중이 내포하고 있는 다수성(多數性)과 절대권력이 내포하고 있는 단일성(單一性)의 관계 속에서 파악될 수 있다. 다수성을 지향하는 현실로서의 다중은 국가가 형성될 수 있는 전제이며 스피노자의 정치학이 역동적으로 열려있을 수 있는 가능성을 제공한다고 볼 수 있다. 그러나 스피노자는 다중이 권력의 중심에 있는 것을 또한 원하지 않는다. 다중이 권력의 중심이 있는 것은 다중의 모호성만큼 불안정을 야기할 수 있기 때문이다.

그러나 왕이 국가의 주인이며 절대적 권리로 통치권을 장

---

16. 6장 37절

악하고 있다는 사실로부터, 왕이 마음에 드는 사람에게 국가를 물려줄 수 있고 왕의 아들이 국가를 상속하는 것은 당연하고 생각한다면, 그것은 매우 잘못된 것이다. 왕의 의지는 그가 국가의 군사력을 장악하고 있는 한에서, 법의 효력을 가지기 때문이다. 통치권의 권리는 오직 힘에 의해서 제한된다. 그러므로 왕은 퇴임할 수 있지만, 다중의 동의나 다중들 중 더 강한 자들의 동의가 없다면, 다른 사람에게 통치권을 넘겨줄 수 없다.

> 해설 군주정이라고 할지라도, 스피노자에게 있어서 왕과 다중과의 관계는 '열린' 관계이다. 절대와 다중은 극단적이고 역설적인 방식으로 어느 제도에서건 견제의 한 축을 담당한다. 다중에 대한 이러한 이해가 『정치론』에서 다양한 국가체계를 설명하고 있다고 하더라도, 그것이 근본적으로 민주주의를 지향하고 있다는 결론을 내리게 한다.

이것을 더욱 잘 이해하려면, 자녀들은 자연법에 의해서가 아니라 국가법에 의해서 그들의 부모의 상속인이 된다는 것을 인식해야 한다. 누구든지 국가의 힘에 의해서만 일정한 재산의 주인이 된다. 그러므로 국가가 유지되는 한, 그 힘이나 그 권리에 의해서 자신들의 재산에 관한 사람들의 의지가 받아들여질 수 있으며, 또한 그 힘이나 그 권리에 의해서 그가 죽은 후에 그의 의지가 지속될 수 있다. 이것이 사회상태에 있는 모든 사람들이 죽음 후에도 그들이 생전에 가졌던 것과 같은 권리를 유지할 수 있는 이유이다. 우리가 말했던 것처럼, 개인이 자신의 재산에 대해서 무엇인가를 결정할 수 있는 것은, 그 개인의 힘이 아니라 국가의 영구한 권력에 의한 것이기 때문이다.

> 해설 절대는 고유한 본질로서의 힘이며 힘의 실현결과로서 실존이 된다. 국가가 국가로서 존속하기 위해서 자신의 힘을 실현시킬 수 있어야 하며, 그 힘은 한 개인의 탄생이나 소멸과 같은 것으로 좌우되는 것이 아니다. 그러므로 절대적 통치라고 말할 때, 그것은 명목적 권력과 실제적 행사를 동시에 의미한다.

그러나 왕의 경우는 이와는 전혀 다르다. 왕의 의지는 국가법 자체이며 왕은 국가 자체이기 때문이다. 그러므로 왕의 죽음으로 국가는 죽은 상태에 놓이며 사회상태는 당연히 자연상태로 복귀한다.

> 해설 개인과 국가의 차이는 이것이다. 개인의 죽음은 국가의 존재에 영향을 미치지 않는다. 그러나 절대권력을 가진 왕의 경우, 왕의 죽음은 국가의 죽음과 동일하며 사회상태를 정지시킬 수 있다. 그러므로 좋은 국가를 위해서 필요한 것은 이러한 공백기/정지기를 최소화하는 것이다.

따라서 최고 권력은, 합법적으로 새로운 법을 주장하며 옛 법을 폐기할 수 있는 다중에게로 돌아간다. 그리고 다중이 후계자가 되기를 원하는 자나 신이 예언자에 의해서 기름 부은 자를 제외하고 누구도 왕위계승을 당연시할 수 없다. 후자의 경우는 고대 유대국가와 같은 신정국가에서나 가능한 것이다.

해설 신정국가의 대표적인 형태는 유대민족의 정치형태 속에서 찾아볼 수 있다. 스피노자는 『신학-정치론』 17장에서 신정국가의 정의를 다음과 같이 설명한다: 이집트에서 탈출한 히브리 사람들은 다른 민족의 법에 종속되지 않고 오직 하나님으로부터 받은 모세의 법에 복종하였다. 히브리 사람에게는 오직 하나님만이 국가권력을 행사하게 되었으며, 이 국가만이 '신의 왕국'이라 불릴 수 있다. 이러한 국가에서는 종교법과 시민법 사이에는 어떠한 구별도 없으며 이 때문에 이것을 신정국가라 할 수 있다.

왕의 군사력이나 권리가 실제로 다중 자신들의 의지나 다중들 중 더 강한 자들의 의지라는 사실로부터, 이러한 것을 추론할 수 있다. 혹은 이성을 가진 사람들은 결코 자신들의 권리를 전적으로 포기하지 않는다는 사실과 그들이 인간이기를 포기하고 동물로 간주되기를 원하지 않는다는 사실로부터, 이것을 생각할 수 있다. 이에 대해서 더 이상 이야기할 필요가 없다.

26. 그러나 누구도 종교의 권리나 신을 숭배하는 권리를 다른 사람에게 양도할 수 없다. 우리가 『신학-정치론』의 마지막 장들에서 이것을 상세하게 이야기했기 때문에, 여기서 반복할 필요는 없다. 이와 같이 하여, 나는 비록 간략하지만 충분히 분명하게 가장 훌륭한 군주정의 기초들을 설명했다고 생각한다. 약간의 주의를 기울여서 그 기초들을 전체적으로 파악하려고 노력한 사람이라면 누구든지 그것들 사이의 상호 의존성, 다른 말로 하자면 국가의 전체적인 윤곽을 쉽게 인지

할 것이다. 내가 여기서 이야기한 것은, 이러한 기초들을 감당할 수 있는 자유로운 다중에 의해서 설립된 군주정이라는 것을 독자들에게 상기시킬 필요가 있다.

> 해설 스피노자가 이야기하는 군주정의 기본적인 체계는 왕과 다중의 의존성, 왕과 고문관의 의존성과 같이 상호의존성으로 권력을 형성하는 것이다.

다른 형태의 통치에 익숙해 있는 다중들은 전복의 위험 없이는 국가 전체가 수용하고 있는 기초들을 무너뜨릴 수 없으며, 또한 국가조직 전체를 변화시킬 수 없기 때문이다.

27. 모든 인간에게 선천적으로 존재하는 악덕이 일반 사람들vulgus에게만 적용된다고 생각하는 사람들은 우리가 쓴 것을 아마도 비웃을지 모른다.

> 해설 스피노자는, 다중의 다수성이라는 측면에서 다중에 대해서 부정적인 지적을 하기도 하지만, 존재론적인 측면에서 다중들 한 사람 한 사람을 불완전한 존재로 이해하지는 않는다. 스피노자에게 있어서 악덕은 인식의 소유를 방해하는 것으로 모든 인간에게 동일하게 적용된다.

그리고 "그들이 위협을 당할 때에, 폭도들의 두려움은 사라진다"

> 해설 평상시에는 두려움을 가지고 순종하지만, 위협을 당하면 두려움이 폭발할 수 있다. 즉 위급한 상황이 닥치면 사람들이 어떻게 거칠게 변할지 알 수 없다는 의미로서, 다중들은 믿을 수 없는 존재라는

것을 드러내는 표현이다. 그러나 강제적인 예속을 통해서 행해진 복종이 더 큰 분노와 연결된다는 것은 스피노자에게 당연한 일이거나 "일반 사람들은 비천한 노예이거나 오만한 주인이다", 또는 "그들은 진실이나 판단력을 가지고 있지 않다" 등등의 말들을 한다.

> 해설 플라톤과 아리스토텔레스의 영향을 받은 인간이해가 인간의 등급을 전제로 하고 있다면, 데카르트의 영향을 받은 스피노자는 개인의 중요성을 강조한다. 그러므로 스피노자에게 있어서 개개인의 차이나 등급이란 생각할 수 없다.

그러나 모든 사람들은 공동의 본성을 가진다. 우리는 오직 힘과 고상함에 속고 있는 것이다. 두 사람이 같은 일을 했을 때, 우리는 "이 사람은 그것을 해도 되고, 저 사람은 안 된다"고 말한다. 행위가 아니라 행위자가 다르기 때문이다.

오만함은 통치자의 고유한 속성이다. 1년 동안의 임기만으로도 인간은 오만해진다. 그러니 영원한 명예를 가지고 있는 귀족들은 얼마나 더 하겠는가! 그러나 그들의 오만은 중요한 지위, 사치, 낭비, 악덕과 조화를 이루는 것들, 일종의 세련된 어리석음, 우아한 비열함 등으로 포장된다. 그러므로 각각 떼어서 보면, 그 악덕들은 더럽고 타락한 것이지만 그것들이 매우 훌륭해 보이기 때문에, 경험이 없고 배우지 못한 자들에게 그것은 존경할 만하고 어울리는 것으로 나타난다.

> 해설 스피노자는 다중이 무지몽매하다는 일반적인 이해를 비난하며,

인간본성은 모두 같다는 점을 강조한다. 이러한 것은 학문으로 포장된 자들의 위선에 대한 조롱을 내포하기도 한다.

"그들이 위협당할 때에, 폭도들의 두려움은 사라진다." 그렇다. 자유와 예속은 쉽게 섞이지 않기 때문이다. 마지막으로, 진실과 판단력이 결여된 일반 사람들에 대해서, 그들을 이상하게 여길 필요는 없다. 왜냐하면 국가의 주요 업무는 그들의 등 뒤에서 이루어지며 그들은 드러난 꼬투리를 가지고 약간의 짐작을 할 수 있을 뿐이기 때문이다.

해설 다중의 무지는 본성 때문이 아니라 그들을 배제시킨 권력의 횡포로부터 유래한다고 볼 수 있다. 그러나 이렇듯 다중을 소외시키고 예속시키는 국가는, 결국 자신의 위험을 자초하는 것이다.

자신의 판단을 유보하는 것은 보기 드문 덕이다. 모든 일을 일반 사람들의 등 뒤에서 행하면서, 일반 사람들이 어떤 일에 대해서 잘못된 판단을 하지 않으며 모든 일에 대해서 최악의 상상을 하지 않을 것을 기대하는 것은 극히 어리석은 것이다.

만약 일반 사람들이 스스로를 누그러뜨릴 수 있고, 불완전하게 알고 있는 것들에 대해서 자신의 판단을 유보할 수 있거나, 혹은 이미 얻은 적은 정보를 바탕으로 올바른 판단을 할 수 있다면, 그들은 확실히 통치받기보다 통치하기에 더 적절하다.

해설 이러한 요건들은 이성적인 사람들에게 나타나는 것이므로, 이성적인 이러한 다중의 모습은 통치자의 덕목이기도 하다. 그러나 본성상으로 그렇지 않지만 현실적으로 다중은 이성보다는 정념에 이끌리기 쉽다는 것도 사실이다.

우리가 말한 것처럼, 모든 사람들은 같은 본성을 가지고 있다. 모든 사람들은 통치권을 갖고 오만을 부리며, 그들이 어떤 두려움도 느끼지 않는다면, 다른 사람들에게 두려움을 야기하는 행동을 한다. 그리고 어디에서나 진리는 일반적으로 적들이나 죄인들에 의해서 위반된다. 특히 한 사람이나 소수의 몇몇 사람이 지배권을 갖고 있으며 그들이 정의나 진리가 아니라 부의 정도에 따라서 재판을 행하는 곳에서, 그렇다.

28. 더욱이 군대의 규칙에 익숙하고 추위와 배고픔을 견딜 수 있는 유급의 군인들은, 맹공을 가하는 도시들이나 싸움이 고조에 이른 전쟁터에서 열등한 다수의 시민들을 경멸하는 경향이 있다. 그러나 정신이 올바른 사람이라면 누구라도, 그러한 시민들 때문에 국가가 더욱 불행하다거나 견딜 수 없다고 주장하지 않을 것이다. 반대로, 어떤 일을 정당하게 판단할 수 있는 사람들은, 다른 사람의 것을 탐내지 않고 자신이 가진 것을 지키는 데 만족할 수 있고, 전쟁을 피하고 평화를 보존하기 위해서 갖은 수단을 다해서 열심히 노력하는 국가가 모든 국가 중에 가장 오래 유지된다는 사실을 인정할 것이다.

29. 나는 이러한 국가의 계획들을 숨길 수 없다는 것을 인정한다. 그러므로 독재자들의 불의한 비밀이 시민들에게 감추어지는 것보다 국가의 좋은 계획들이 국가의 적들에게 알려지는 것이 훨씬 더 낫다는 나의 주장에 모든 사람들이 동의할 것이다.

> 해설 국가의 왕이 다중과 상호의존적이라면 국가의 안정을 확보할 수 있다. 다중과의 관계 속에서 얻어진 내부적 안정이 외부적 안정으로 연결되기 때문이다.

국가의 일들을 비밀스럽게 다룰 수 있는 사람들은 국가를 전적으로 그들의 권력 아래 놓는다. 그리고 전쟁 시에 그들이 적에 대해서 음모를 꾸미는 것처럼, 평화 시에 그들은 시민들에 대해서 음모를 꾸민다. 이제, 이러한 비밀이 종종 국가에 유용하다는 것을, 누구도 부인하지 못 한다. 그러나 비밀이 없는 국가는 존속할 수 없다는 사실을 증명할 수 있는 사람은 없다.

> 해설 현실적으로는 가능하지 않겠지만, 스피노자는 다중에게 비밀이 없는 국가를 선호한다. 이러한 선호는 결국 민주주의에 대한 스피노자의 희망을 반영하는 것이기도 하며, 스피노자의 민주주의적 체제를 비판했던 당대의 사람들을 조롱하는 것이기도 하다.

반대로, 누군가에게 국가적 업무를 전적으로 위임하는 것은 자유를 유지하는 것과 전혀 모순된다.

> 해설 자유인은 불안과 희망에 의해서 행동하지 않고 인식에 의해서

행동한다. 거짓된 계산을 하지 않는 자유인은 거짓된 수단도 사용하지 않으며, 모든 일에 단호하게 그리고 전적으로 성실하게 임한다. 그러므로 자유인은 다른 이들에게 자신의 일을 떠맡기지 않으며 자신을 업신여기지도 않고 오만을 떨지도 않는다.

커다란 재앙을 만들어서 조그만 손해를 피하려고 하는 것은 어리석은 짓이다. 절대통치권을 갈망하는 사람들이 지속적으로 반복하는 주장은, 국가의 일을 비밀리에 행하는 것이 국가의 본질적인 이익에 관계된다는 것이다. 그들은, 예속을 목적으로 하면 할수록 더욱더 불가피한 이유들을 대면서 가증스러운 위장假裝을 한다.

> 해설 군주정에서는 세습귀족의 존재나 용병들에 대한 의존, 왕족들끼리의 경쟁 등으로 소요가 발생하는데, 이러한 요인들로부터 권력을 보호하기 위해서 비밀리에 일을 꾸미게 될 때, 그것은 항상 더 큰 화를 불러일으킬 수 있다. 국가체제는 외부의 적들보다는 자신들의 신민들에 의해서 더 많은 위협을 받기 때문이다. 국가는 그것을 구성하는 힘들 사이의 관계를 표현하는 것인데, 개인이나 국가라는 것은 실제로 추상에 불과하고 이것들은 항상 상호관계 속에서 의미를 갖기 때문이다.

30. 마지막으로, 내가 알고 있는 한, 어떤 국가도 우리가 언급한 모든 조건들에 기초하여 세워지지 않는다 하더라도, 만약 야만적이지 않은 어떤 국가의 보전과 전복의 조건들을 고려한다면, 이러한 형태의 군주정이 가장 훌륭하다는 것을 자체의 경험으로부터 입증할 수 있을 것이다.

해설 국가체제는 지배자들 사이에 발생하는 것이든 지배자들과 피지배자들 사이에 발생하는 것이든 내전의 잠재적 위협 아래 놓여있다. 스피노자는 야만적 공동체와 이성에 따라 인도되는 공동체라는 두 가지 공동체를 상정한다. 권력에 대한 공포 때문에 결집된 개인들은 동일한 정념으로 교통하지만 진정으로 공통적인 대상을 갖지 못하는 공동체를 형성하는데 이를 야만적 공동체라 한다. 매우 요란하기는 하지만 실질적으로 교류되는 것은 별로 없는 이러한 사회는 실제로 명목적으로만 자연상태와 구분될 뿐이다. 이때 다중은 고립되어있고 잠재적인 적대관계에 놓인다. 이성에 따라서 인도되는 공동체는 이와 반대이다.

이러한 입증은 독자들을 지루하게 만들겠지만, 그렇다고 나로서는 기억할 가치가 있어 보이는 한 가지 예를 침묵하며 넘어갈 수도 없다.

그들의 왕들에 대해 뛰어난 충성을 보였고 동일한 믿음으로 국가의 조직을 깨뜨리지 않고 보존한 아라곤 사람들의 국가에 대한 것이다. 그들이 무어 사람들로부터 노예의 멍에를 벗어버리자마자, 그들은 스스로 왕을 선출하기로 결정했다. 그러나 그 조건들에 대해서 의견을 하나로 모을 수가 없었다. 그러므로 그들은 로마교황에게 조언을 구하기로 결정했다. 스스로를 그리스도의 대리자라고 주장하는 교황은 이 문제에 대해서, 그들이 히브리 사람들의 예에서 교훈을 얻지 못하고 그렇게 집요하게 왕을 선출하기를 원하는 것을 비난했다.

해설 왕제도가 나오는 구약의 본문은 왕에 대한 요구가 하나님에 대한 거부임을 강조함으로써, 하나님의 통치와 왕의 통치를 대립시킨다.

그러나 그는, 그들이 마음을 바꾸지 않겠다면, 국가의 정신에 합당하고 적합한 제도를 만들기 전에 왕을 먼저 선출하지 말라고 충고했다. 그리고 무엇보다 그는 그들에게, 스파르타의 감독관과 같이 왕을 견제하고 왕과 시민들 사이에 일어날 수 있는 분쟁을 해결하는 데 절대적인 권리를 가진 일종의 최고 의회를 만들 것을 권했다. 이러한 충고에 따라서, 그들은 자신들에게 가장 적합해 보이는 법을 제정했다. 그리고 왕이 아니라 의회가 그 법의 최고 해석자, 즉 최고 재판관이 되도록 했다. 그들은 이 의회를 '17인'이라고 불렀으며 의회의 의장은 '정의'라는 이름을 얻었다.[17]

이 '정의'와 '17인'은 투표에 의해서가 아니라 추첨에 의해서 종신직으로 선출되었으며, 다른 법정, 국가나 교회의 법정이나 왕 자신에 의해서 시민에게 내려진 모든 판결을 개정하고 무효화하는 데 있어서 절대적인 권리를 가졌다. 그러므로 모든 시민들은 이 의회 앞으로 왕을 소환할 권리를 가졌다. 더욱이 그들은 왕을 선출하고 퇴위시킬 권리를 가지고 있었

---

[17]. 아라곤의 입헌역사에 대해서 할람(Hallam), *History of the Middle Age* 4장 참조. 할람은 Justiza를 Justiciary로 부른다. 그러나 Justice의 문자적 번역은 영어권에서 재판관을 지칭하는 말로 사용된다.

다. 그러나 많은 시간이 경과한 후에, 단도라 불리는 돈 페드로 왕은 뇌물을 쓰거나, 뒷일을 보장하거나, 그 외의 다른 모든 종류의 계략을 사용하여서 마침내 이 권리를 폐지하도록 설득하였다.

> 해설 왕을 견제할 수 있는 최고 의회를 없애고, 왕이 절대적인 권력을 갖도록 하였다.

그리고 그가 바라던 것을 이루자마자, 그는 왕이 피를 흘리지 않으면 신민들이 그들의 왕을 선출할 수 없을 것이라 말하면서, 모든 사람들 앞에서 그의 손을 잘랐다. 혹은 내가 알기로는 손에 상처를 내었다.[18]

그러나 그는 다음과 같은 조건 위에서 이 변화를 이루었다 : "누구든지 국가를 침략하여 신민들에게 손해를 끼치려고 한다면, 신민들은 언제든지 어떠한 폭력에 대해서도 무장할 권리를 가지고 있으며 또한 가져야 한다. 혹시 국가를 집어삼키려는 자가 왕이나 왕자나 왕의 상속자라고 하더라도, 신민들은 그들에 대항하여 무장할 수 있다." 이러한 조건에 따라서 그들은 그 권리(최고 의회의 권리)를 없애기보다 확실히 수정하였다.

---

18. 할람은 다음과 같이 말한다. 왕은 단순히 불쾌한 연합의 특권을 끊은 것이다. 그것에 대한 다른 표현으로, 그가 칼을 쓴 것이다. 그래서 연합의 특권은 "정확한 말을 찾을 수 없지만, 왕국의 역사 속에서 전적으로 사라졌다."

> 해설 돈 페드로가 절대적인 권력을 차지했지만, 그는 절대권력을 견제할 수 있는 다른 수단(전쟁의 권리)을 병존시킴으로써, 절대왕권이 무소불위로 사용되는 것을 방비했다.

우리가 보았던 것처럼(4장 5, 6절), 왕은 국가법에 의해서가 아니라 전쟁법에 의해서 통치권을 빼앗길 수 있기 때문이다. 다시 말하자면, 신민들이 폭력으로 왕의 폭력을 막아낼 것이다.

이러한 조건 외에, 그들은 우리의 현재 구상과 관계없는 다른 것들을 명문화하였다. 모든 사람들의 마음에 스스로 조직을 만들어준 이러한 관례들을 통해서, 그들은 믿을 수 없이 긴 세월 동안, 왕을 향한 신민들의 충성만큼 자신의 신민을 향한 왕의 충정을 무탈하게 지속했다.

> 해설 신민들에게 허용된 전쟁의 권리가 국가와 개인의 코나투스를 동시에 만족시키는 역할을 했기 때문이다.

그러나 가톨릭 성을 처음으로 사용했던 카스티야의 페르디난드가 왕국을 상속한 후에, 아라곤 사람들의 이러한 자유는 카스티야 사람들의 심기를 불편하게 만들기 시작했고 그들은 이 권리를 폐지하도록 페르디난드를 지치지 않고 다그쳤다.

> 해설 신민들에게 부여된 전쟁의 권리는 절대왕권을 위협하는 것이었으므로 카스티야 사람들은 그것을 무효화시키도록 왕을 종용했다.

그러나 아직 절대통치에 익숙하지 않았던 왕은 감히 그러한 일을 할 수 없었고 그의 고문관들에게 다음과 같이 말했다

: (그들이 알고 있는 그 조건들로 그가 아라곤 왕국을 물려받았다는 것, 그것들을 지키기 위해서 엄숙하게 맹세했다는 것, 그의 말을 지키지 않는 것은 비인간적이라는 것은 언급하지 않고) 그의 소신은, 국가의 안전이 왕의 이익만큼 신민들의 이익에 관계되는 한, 그의 왕국이 안정되려면, 왕은 신민들에 비하여 너무 많은 권리를 갖지 말아야 하며 신민들도 왕에 비해서 너무 많은 권리를 갖지 말아야 한다는 것이다. 그 둘 중의 어느 하나가 너무 강하면, 더 약한 편은 그 이전의 동등성을 회복하려고 할 뿐 아니라, 피해에 대한 고통 속에서 다른 편에 복수하려고 할 것이기 때문이다. 그리고 그것은 그 둘 중의 하나, 혹은 둘 다를 파멸시킬 것이다.

이 현명한 말이, 자유인이 아니라 노예를 명령하는 데 익숙한 왕으로부터 나왔다는 것에, 나는 놀라지 않을 수 없다.

<small>해설 페르디난드의 말은 권력을 가진 사람이 빠질 수 있는 오만으로부터 벗어난 것으로 권력의 절대성이 주는 폐해로부터 스스로를 보호하는 것이었기 때문이다.</small>

그러므로 권리에 의한 것이 아니라 강력한 의지를 가진 그들의 왕의 선처에 의한 것이기는 하지만, 페르디난드 시대 이후에도 아라곤 사람들은 그들의 자유를 유지했다. 그것은 필립 2세 때까지 지속되었다. 필립 2세는 더 좋아진 것 같아 보이지만 연합지역에 했던 것처럼 잔인하게 그들을 억압했다. 그

리고 사람들은 필립 3세가 모든 것을 이전의 상태로 회복시켰다고 생각하지만, 한편으로는 많은 힘을 가진 왕의 비위를 맞추기 위한 열심 때문에(아픈 곳을 찌르는 것은 어리석은 짓이므로), 한편으로는 공포 때문에, 아라곤 사람들은 자유라는 허울 좋은 이름과 빈 껍질 외에 아무 것도 갖지 못하게 되었다.

> 해설 필립 2세와 3세를 거치면서 아라곤 사람들은 더 이상 자신들의 권리를 사용할 수 없게 되었다. 점점 강력해지는 왕권에 도전하는 것은 긁어 부스럼을 만드는 격이기도 했으며, 힘의 불균형으로 인한 공포에서 벗어나는 것도 쉽지 않았기 때문이다.

31. 그러므로 우리는 다중이 왕 아래서 충분한 자유를 유지할 수 있다는 결론을 내린다.

> 해설 스피노자가 갖고 있는 군주정은 다중의 지지가 절대적인 국가이다.

이러한 결론은, 왕의 힘이 그 유일한 힘에 의해서 결정되며 다중의 지지에 의해서 보존될 수 있다는 것을 전제로 한다. 그리고 이것이 내가 군주정의 기초를 놓는 데 있어서 의지한 유일한 법칙이었다.

8

귀족정에 대하여(1)

1. 군주정에 대해서 다루었으니, 이제부터 귀족정이 어떤 제도 위에 설립되어야 영속적일 수 있는지를 다루고자 한다. 우리는 귀족정을 한 사람이 아니라 다중으로부터 선출된 일정한 사람들 — 우리는 그들을 귀족이라고 부른다 — 에 의해서 통치되는 국가로 정의했다. 나는 일부러 "선출된 일정한 사람들에 의해서 통치되는"이라고 말한다.

> 해설 귀족정도 궁극적으로는 군주정과 같은 방법이 적용된다. 절대권력과 다중이 갖는 권력의 관계라는 측면에서 귀족정이 다루어지기 때문이다.

귀족정과 민주정의 중요한 차이는, 귀족정에서 통치권은

오직 선거에 의존하는 반면, 민주정에서 그것은 대부분 선천적이거나 운에 의해서 획득된 일종의 권리에 의존한다. 그러므로 어떤 국가에서 다중 전체가 귀족으로 인정되더라도 그들의 권리가 타고난 것이 아니며 그 권리가 법에 의해서 다른 사람에게 옮아가지 않는다면, 그 국가는 귀족정이다. 왜냐하면 선출된 자만이 귀족이 될 수 있기 때문이다.

해설 귀족정의 중요한 조건은 '선출'에 있다. 귀족의 선출은 세습을 견제함으로써, 권력의 정당한 분산을 이루기 때문이다.

만약 선출된 사람들이 두 명이라면, 그들 각자는 다른 사람보다 더 큰 힘을 얻기 위해서 노력할 것이다. 그들 중 한 사람의 힘이 지나치게 크다면, 국가는 쉽게 두 개의 당으로 쪼개질 것이다. 만약 3명, 4명, 혹은 5명이 각자 힘을 소유하려고 한다면, 이러한 방법으로 3개, 4개, 혹은 5개의 당으로 쪼개질 것이다. 그러나 당들이 약할수록, 통치권은 더욱더 많은 사람들에게 위임된다. 그러므로 귀족정을 안정시키기 위해서는, 귀족의 최소의 수를 결정하도록, 실제 국가에 비례하는 규모를 고려할 필요가 있다.

해설 권력이 한 사람에게서 절대화되는 것을 막기 위한 수단으로, 귀족정의 기초로 제시하는 것은 귀족의 수를 늘리는 것이다.

2. 적당한 규모의 국가를 위해서, 우수한 인재가 100명 정도 있으면 충분하며 그들 중에서 국가의 최고 권력을 부여

하고, 그들 중에 누군가가 죽으면 그들이 자신들의 귀족 동료를 선출할 권리를 갖고 있다고 생각해 보자. 이들은 분명히 그들의 자녀들이나 가까운 혈족에게 그들의 권리를 계승시키려고 노력할 것이다. 그러므로 국가의 최고 권력은 운이 좋아서 귀족들의 자녀나 친척이 된 사람들과 항상 함께 있을 것이다.

운 좋게 관직을 얻은 100명의 사람들 중에서 기껏해야 3명 정도가 지식과 지혜에 있어서 뛰어나다면, 국가의 권력은 100명 모두가 아니라, 정신력이 뛰어나며 모든 일들을 자신들이 원하는 쪽으로 쉽게 이끌어올 수 있는 2명 혹은 3명에게 의존한다. 그리고 인간적인 탐욕의 관례에 따라, 그들 각자는 군주정으로 가는 길을 예비할 것이다. 그러므로 만약 우리가 계산을 제대로 했다면, 최소한 100명 정도의 우수한 인재를 요구하는 규모를 가진 국가의 최고 권력은 5000명 정도의 귀족과 협의해야 한다. 이러한 비율로 해야, 100명 정도가 정신력이 뛰어날 것이라고 장담할 수 있다. 즉 이러한 가정에서 보자면, 관직을 얻고자 하는 50명 중에서, 우수한 인재의 덕을 흉내내며 통치할 수 있는 덕이 있는 다른 사람들을 제외하고, 한 사람 정도가 우수한 인재일 수 있다.

3. 귀족들은 대부분 일반적으로 국가 선체의 수도首都의

시민들로 구성된다. 이전에 로마가 그랬고 지금은 베니스나 제노바와 같이, 국가나 공화국은 수도에서 그 이름을 취한다. 그러나 네덜란드 공화국은 나라가 일어났던 전체 지방에서 이름을 취했으며 이 국가의 신민들은 많은 자유를 누린다. 이제 이러한 귀족정이 의지해야 하는 기초를 결정하기 전에, 한 사람에게 위임된 통치권과 충분히 큰 의회에 위임된 통치권 사이에 존재하는 매우 큰 차이점에 주목해야 한다. 첫 번째, 한 사람의 힘은(6장 5절에서 언급한 것처럼) 국가 전체를 지탱하기에 매우 부적절하다. 그러므로 누군가가 의회의 충분한 크기에 대해서 말한다면, 그것은 매우 어리석은 짓이다. 의회가 충분히 크다고 말하는 것은 한 사람이 국가를 유지하기에 부적절하다는 것을 인정하지 않는 것이기 때문이다. 그러므로 왕은 반드시 고문관들을 필요로 하는 반면, 이러한 종류의 의회는 절대로 그러한 것을 필요로 하지 않는다.

> 해설 한 사람의 힘으로 국가를 유지하는 것은 불가능하며 위험하기 때문에 군주정에서 고문관이 필요하다. 그러나 귀족정은 큰 규모의 의회를 통해서 이미 이러한 위험성과 어리석음에서 벗어나 권력을 분산시켰으므로, 독점적 힘을 귀족정과 연관시켜 말하는 것은 잘못된 것이다. 그러므로 권력의 분산이라는 면에서, 스피노자는 군주정보다는 귀족정, 귀족정보다는 민주정을 선호한다.

두 번째, 왕들은 죽지만, 의회는 영원하다. 그러므로 일단 충분히 큰 의회에게 위임된 통치권은 결코 다중에게 되돌아가지 않는다. 그러나 우리가 보았던 것처럼 군주정에서는 그렇지 않다(7장 25절). 세 번째, 왕이 너무 어리다거나 병들었다거나 혹은 너무 늙었다거나 하는 여러 가지 이유로, 왕의 통치는 종종 어려움을 겪는다. 그러나 이러한 의회의 힘은 항상 동일한 상태를 유지한다. 네 번째, 한 사람의 의지는 매우 변화무쌍하며 일관되지 못하다. 그러므로 군주정에서 모든 법은 진정으로 왕의 명백한 의지이지만(7장 1절에서 보았던 것처럼), 왕의 모든 의지가 법이 될 수는 없다. 그러나 충분한 규모의 의회의 의지에 대해서는 이것이 가능하다. 우리가 방금 언급한 대로, 의회 자체는 어떤 고문관들도 필요로 하지 않으며, 의회의 모든 명백한 의지는 법이 되어야 한다. 그러므로 우리는, 충분히 큰 의회에 위임된 통치는 절대적이라거나 거의 절대적이라는 결론을 내릴 수 있다. 절대적인 통치가 있다면, 실제로 그것은 다중 전체에 의해서 행해지는 것이기 때문이다.

> 해설 왕보다 의회에 절대권력을 부여하는 것은 의회 내의 권력분산을 전제하고 있기 때문이다. 또한 이 경우, 의회의 절대권력도 다중과의 상호성을 배제하지 않는다.

4. 귀족의 통치권이 결코 다중에게 돌아가지 않으며(우리가 방금 말했던 것처럼), 그러한 통치 아래서 어떤 협의회도 다중과 함께 하지 않고, 무조건적으로 의회의 모든 의지가 법

이 되는 한, 그것은 절대통치로 간주되어야 한다.

> 해설 절대통치는 국가의 안정을 위한 조건으로 군주정에서도 강조되었던 것이다. 그러나 그 절대권이 무소불위의 것이 아니며 이성적으로 사용되어야 한다는 것은 언제나 기억해야 할 또 다른 조건이다.

그러므로 그러한 통치권의 기초는 다중의 감시가 아니라 의회의 의지와 판단에만 의지해야 한다. 절대통치는 다중이 조언을 하는 것이나 투표를 하는 것을 배제하기 때문이다. 그런데 실제로 귀족통치가 절대적이지 않은 이유는, 통치자에 대한 다중의 불안함으로 인하여, 명백한 법에 의하지 않고 암묵적인 이해에 의한 것이라 하더라도, 다중은 스스로를 위해서 어느 정도의 자유를 갖고 있으며 그것을 강화하고 보존할 수 있기 때문이다.

> 해설 군주정에서보다 귀족정에서 더 강하게 사회적 일치를 강조한다. 귀족정은 '협의체'의 구성과 기능이 군주정에서보다 훨씬 중요한 역할을 하기 때문이다.

5. 그러므로 이러한 통치는 그것이 거의 절대통치 — 즉 다중은 두려움의 원인이 될 가능성이 없고, 국가 자체의 법에 의해서 다중에게 필연적으로 부여된 자유 외에 다른 어떤 자유가 없으며 그러므로 자유는 국가 전체의 권리일 뿐 다중의 권리가 되지 못하며, 귀족들의 것으로 귀족들에 의해서만 주장되고 만끽될 수 있는 통치국가 — 와 유사한 조직일 때, 가능한 가장 좋은 조건에 있을 것이라는 사실은 분명하다.

해설 왕의 힘이 절대적일 때 국가가 안정되는 것처럼, 의회의 힘이 절대적일 때 국가는 안정을 유지하는 것은 매우 이론적인 사실이다. 스피노자는 3~5절에서 의회의 절대권을 긍정적으로 이야기하고 있는데, 이것은 6절에서 지적되는 것처럼 이러한 의회의 이성적 상태를 전제로 한 것임에 유의해야 한다.

그러므로 앞 절에서 이야기했을 뿐 아니라 자체적으로 분명히 드러나는 것처럼, 이러한 관례는 이론에 가장 잘 부합한다. 일반인들이 스스로를 위해 더욱 많은 권리를 주장할수록, 통치권이 귀족들에 덜 의존하게 된다는 것은 의심의 여지가 없기 때문이다. 이러한 예를 보통 길드라고 불리는 남부독일의 장인匠人 협회를 통해서 일반적으로 볼 수 있다.

6. 그러나 단순히 의회에 전적으로 위임되었다는 이유로, 일반인들이 이러한 형태의 통치로부터 가증스러운 노예제도의 위험을 걱정할 필요는 없다. 그 정도 큰 의회의 의지는 욕망에 의해서보다 이성에 의해서 결정되기 때문이다. 사람들이 이것저것에 홀리는 것은 악한 정념에 의해서이다. 그들이 훌륭한 일을 도모하고자 하거나 적어도 훌륭해 보이는 것을 하고자 할 경우에, 사람들은 한 마음으로 인도될 수 있다.

해설 이성은 욕망도 정념도 제거하지 않으며, 욕망과 정념을 이성 자체로 상승시킨다.

7. 귀족정의 기초들을 정하는 데 있어서, 무엇보다도 그것들이 최고 의회의 전적인 의지와 힘에 의거해야 한다는 것을 유의해야 한다. 그러므로 의회는 가능한 한 독립적이어야 하고 다중으로부터 어떤 위협도 받지 말아야 한다. 의회의 전적인 힘과 의지에 의거하는 이러한 기초들을 결정하기 위해서, 군주정에서 어떤 기초가 평화를 위해서 고유한 것이고 이러한 형태의 국가에서는 어떤 것이 부적합 것인지를 살펴야 한다. 우리가, 군주정의 기초들을 귀족정을 위해 적합한 것들로 대체하고 그 기초가 계획된 다른 것들을 남겨둔다면, 의심할 것도 없이 소요의 모든 원인들은 제거될 것이다. 적어도 이러한 국가는 군주정만큼 안정적일 것이다.

반대로, 평화와 자유에 대한 위협 없이, 귀족통치가 군주정보다 절대통치에 더욱 가까워질수록, 상황은 더욱더 좋아진다(3,6절).

해설 긍정적 의미의 절대성은 늘 이성적이며 독립적인 상태를 전제로 한다.

최고 권력의 권리가 클수록, 국가의 형태는 더욱더 이성의 명령에 일치하며(3장 5절[1]), 평화와 자유를 유지하기에 더욱 적

---

1. 이러한 언급은 3장 6절?에 대한 것은 아니다. [3장 5절은 개인이 국가에 복종해야 할 것을 이야기하며, 3장 6절은 복종을 주장한 3장 5절에 대한 반론을 의식해서 이성의 인도를 받는 것과 국가에 복종하는 것이 대립되는 것이 아니라는 것을 주장한다. 본문을 3장 5절과 연결시킨 것은, 국가에 대

합하게 된다. 그러므로 6장 9절 이하에서 우리가 언급했던 점들을 다루면서, 이러한 형태의 통치에 적합하지 않은 것들을 거부하며 그것에 일치하는 것들을 살펴보고자 한다.

8. 우선, 하나 이상의 도시들을 세우고 강화하는 것이 필요하다는 것은 누구도 의심할 수 없다. 그러나 무엇보다도 국가 전체의 수도가 되는 도시와 국경에 있는 도시들이 강화되어야 한다. 수도는 최고의 권리를 가지며 다른 도시들보다 더욱 강력해야 한다. 이러한 통치 아래서, 씨족에 따라 모든 거주자들을 나누는 것은 불필요하다.

9. 군인의 경우, 신민들 외에 다른 사람들이 군인이 될 수 있고, 이들에 대해서 국가의 법이나 근본적인 원칙에 어떠한 차이도 둘 수 없다는 것이 분명하다.[2] 이러한 통치 아래서는 귀족들 사이를 제외하고는 모든 사람들 사이의 동등성을 이야기할 수 없고, 특히 귀족들의 힘은 일반사람들의 힘보다 더 크기 때문이다.

<small>해설 귀족정에서 귀족과 일반사람들 사이에는 현격한 차이가 있고 그</small>

한 복종을 이야기할 때 스피노자가 전제하고 있는 국가의 이성적 상태를 강조하기 위함이다. -옮긴이]
2. 6장 10절과 비교.

것이 힘의 차이 즉 권력의 차이로 드러난다. 그러므로 귀족정이 존재하는 한, 그것은 평등한 국가가 될 수 없다. 귀족정에서 보존되는 것은 귀족계급의 지배이기 때문이다. 신민은 정치적인 측면에서 배제된다. 그러나 이러한 귀족정에서도 다중적 토대의 필요성은 존재한다. 귀족정이 존재하기 위해서는 자신의 고유한 힘을 증대시키면서 동시에 다중의 의견을 반영해야 하기 때문이다. 개인에 대한 근대적 이해를 갖고 있음에도 불구하고, 스피노자는 여전히 귀족의 힘과 일반사람들의 힘에 차이를 둠으로써, 평등하지 않은 과도기적 인간이해를 드러낸다.

그러나 전쟁의 기술에 대해서 적절한 지식을 갖고 있지 않은 사람은 누구도 귀족이 될 수 없다는 것은 가장 중요한 점에 속한다. 몇몇 사람들이 주장하는 것처럼, 신민을 군복무에서 배제시키는 것은 확실히 어리석은 일이다. 신민에게 지급된 군인수당은 국가 안에 남아있지만, 외국인 군인에게 지불된 것은 모두 잃어버리는 것이기 때문에, 이로 말미암아 국가의 가장 큰 능력이 약화된다. 종교와 가정을 위해서 싸우는 사람들은 특별한 열정을 갖고 싸우는 것이 분명하기 때문이다.

또한 군대 사령관이나, 호민관, 백부장 등등은 오직 귀족들 중에서 선출되어야 한다는 것을 주장하는 사람들이 옳지 않다는 것도 분명하다. 영광과 영달을 얻으려는 희망을 빼앗긴 군인들이 무슨 용기로 싸울 것인가? 스스로를 보호할 목적이든, 소요를 진압할 목적이든, 어떤 다른 이유가 있든 간에, 그러한 필요성이 생겼을 때, 귀족들이 외국인을 군인으로 고용하는 것을 금하는 법을 제정하는 것은 경솔한 것일 뿐 아니라, 귀족들의 최고 권리와도 모순된다. 이에 관해서 3절, 4절, 5절을 참고하라. 한 군대나 전체 군인의 대장은 전쟁 시에만, 오직 귀족들 중에서 선출되어야 하며, 기껏해야 1년 정도 명령권을 가져야 하며, 기간을 연장하지 못하며 또한 후에 다시 임명될 수 없다.

군주정 아래에서 그랬던 것처럼, 이러한 형태의 국가에서 이 법은 무엇보다도 필요하다. 우리가 앞에서 이야기한 것처럼, 한 사람으로부터 자유로운 의회로 통치권을 옮기는 것보다 한 사람으로부터 다른 사람에게로 옮기는 것이 훨씬 쉽다고 하더라도, 귀족들이 그들 자신의 대장들에 의해 정복되며 국가가 심각한 피해를 입는 경우가 종종 발생한다. 군주가 제거되면, 압제자가 바뀔 뿐이며 국가의 형태가 바뀌지는 않는다. 그러나 귀족통치 아래에서, 그것은 국가형태의 전복과 가장 훌륭한 사람들에 대한 학살을 동반한다.

> 해설 군주정에서는 왕 한 사람의 변화로 끝날 수 있는 일이, 귀족정에서는 전체의 변화로 연결될 수 있다. 귀족정은 일종의 집단지배체제를 이루는 것으로 큰 규모의 의회의 전체 변화는 혼란을 가속화시키기 때문이다. 스피노자는 귀족정에서 이로 인한 국가체제의 변화를 매우 위험스러운 상태로 생각한다. 체제의 변화는 국가의 멸망이나 혼란을 야기할 수 있기 때문이다.

그 중에서 로마는 가장 슬픈 예를 보여준다.

그러나 군주정 아래서 군인은 대가 없이 복무해야 한다고 말한 이유는, 이 경우에 적용되지 않는다. 신민들은 조언을 하고 투표를 하는 것으로부터 배제되기 때문에, 그들은 외국인으로 간주될 수 있다. 그러므로 그들은 외국인보다 더 나쁘지 않은 조건으로 고용될 수 있다. 이러한 경우에, 귀족들은 그들을 다른 사람들보다 특별한 존재로 취급하지 않는다. 나아가, 각자가 자신들의 공훈을 평가하는 데 있어서 불공평하게 판단하는 것을 피하기 위해서, 귀족들이 군인들에게 일정한 대가를 지불하는 것이 더 현명하다.

10. 더욱이 같은 이유로 귀족을 제외한 모든 사람들이 외국인이라는 사실은, 땅과 집과 논과 밭 전체가 공공의 소유가 되며 거주자들에게 매년 임대료를 받고 있는 국가의 전체적 입장에서는 위험한 요소가 될 수 있다. 통치에 어떤 관계도 하지 않은 신민들은, 만약 그들이 소유하고 있는 것을 그들이 원하는 곳으로 옮길 수 있다면, 어려운 시기에 그들의 도시들을 모두 버릴 수 있기 때문이다. 그러므로 땅과 농장을 빌려주면 안 된다. 네덜란드에서 그렇게 하는 것처럼, 매년의 생산량에서 매년 그들에게 할당되는 세금을 지불하는 것과 같은 조건 하에, 신민들에게 팔아야 한다.

11. 이러한 점들을 고려하였으니, 최고 의회가 의거하고 설립되는 기초들을 다루고자 한다. 적당한 규모의 국가에서 이 의회는 약 5000명 정도의 귀족을 가져야 한다고 지적했다(2절). 그러므로 우리는 통치권이 더 적은 숫자로 점차적으로 옮겨가는 것을 막는 방법과, 반대로 의회 구성원의 수가 국가 자체의 성장에 비례해서 증가하는 것을 확실하게 하는 방법을 강구해야 한다. 다음으로, 귀족들 사이에 가능한 한 동등성이 유지될 수 있도록 해야 한다. 그들은 협의를 통해서 일을 빠르고 신속하게 처리해야 하며 공동의 선을 지향해야 한다. 마지막으로, 귀족들이나 의회는 다중보다 크지만, 다중이 그로 인해 어떤 손해도 입으면 안 된다.

12. 그러나 시기猜忌는 우리가 첫 번째로 지적한 것을 지키기 매우 어렵게 만든다. 우리가 말했던 것처럼, 인간은 본성적으로 적대적인 관계에 있다.

> 해설 여기서 스피노자가 강조하는 것은 코나투스이다. 인간은 각자 자신의 존재를 보존하려고 하는 한에서 타인에 대해서 적대적 관계를 형성한다. 이러한 코나투스 때문에 스피노자가 강조하는 것이 욕망의 제거가 아니라 욕망의 전환이다. 본성적으로 내재적인 이러한 정념들을 다른 것으로 전환시킬 때에만 인간의 본성에 반하지 않고 서로 적대적이지 않은 관계를 만들어낼 수 있다.

그들이 법으로 연결되고 서로 구속되어 있다고 하더라도, 그들은 자신들의 본성을 여전히 간직하고 있다. 그러므로 민주정이 귀족정으로 바뀌고 귀족정은 마침내 군주정으로 바뀌는 것이라 생각한다. 대부분의 귀족정들이 이전에는 민주정이었다는 것을 나는 충분히 설명했다.

해설 이러한 순서는 군주정-귀족정-민주정의 순으로 진행되는 『정치론』이 스피노자의 이상적 국가형태를 반영하고 있다는 것을 드러낸다.

새로운 땅을 찾아 나서면서, 일군의 사람들이 그것을 발견하고 경작할 때, 전체로서 다중은 통치에 대해서 그들의 동등한 권리를 가진다. 누구도 다른 사람에게 자발적으로 통치권을 주지 않기 때문이다. 그러나 비록 그들 각자가, 다른 사람이 그에 대해서 갖는 것과 같은 권리를 그가 다른 사람에 대해서 갖는 것이 공평하다고 생각하더라도, 그들에게 들어온 외국인들이 그 국가 안에서 자신들 — 스스로의 노력으로 그 땅을 찾았고 그들의 피의 대가로 그것을 차지했던 — 과 동등한 권리를 가지는 것은 불공평하다고 생각한다.

외국인들 스스로도 이것을 부인할 수 없다. 그들은 통치권을 얻기 위해서가 아니라 그들의 개인적인 일로 이익을 취하기 위해서 멀리서 이주한 자들이며, 그들이 안전하게 그 일을 할 수 있는 자유를 허락 받는다면, 그것으로 만족하는 자들이기 때문이다. 그러나 다중이 외국인들의 유입으로 증대되는 동안, 마침내 그들이 관직을 얻을 수 없다는 것 외에 다른 차이점을 가지지 않게 되는 지경까지 이르며, 그들은 점차로 그 국가의 관습들을 습득한다. 그들의 수는 매일같이 증가하며, 반대로 시민들의 수는 여러 가지 이유로 감소된다. 종종 가족들이 죽고(가문이 멸망하고), 몇몇 사람들은 범죄로 자격을 빼앗기고 많은 사람들이 생활의 어려움으로 국가적 업무를 소홀히 하기 때문이다.

그 사이에, 능력이 있는 사람들은 혼자서 통치하는 것 외에 다른 목적을 가지지 않게 된다. 그러므로 통치권은 점차로 소수의 사람들에게 한정되고, 결국 당으로 나누어져서 한 사람에게 떨어지게 된다. 여기에 이러한 형태의 국가를 멸망시키는 다른 원인들을 추가할 수 있다. 그러나 우리가 잘 알고 있는 만큼, 그냥 넘어가기로 하겠다. 이제, 우리가 다루고 있는 이러한 국가가 준수해야 하는 법을 언급하고자 한다.

13. 이러한 국가의 가장 중요한 법은 귀족들의 수와 다중의 수의 비율을 결정하는 것이어야 한다. 다중과 귀족들 사이에 비율이(1절) 유지되어야 하기 때문에, 다중이 증가하는 것에 따라 귀족의 수가 늘어나야 한다. 이 비율은(2절에서 우리가 보았던 것과 같이) 50명에 한 명 정도여야 한다. 즉 각각의 구성원들 사이의 불균형이 더 커서는 안 된다. 국가의 형태를

파괴시키지 않는다면(1절), 귀족들의 수가 다중의 수보다 더 많을 수 있다. 귀족들의 수가 적을 때를 제외하고는 위험성이 없다.

<small>해설 귀족정에서 귀족의 수는 국가의 안정과 비례한다.</small>

어떻게 이 법을 파기하지 않고 준수할 것인지에 대해서는, 곧 적당한 곳에서 다룰 것이다.

14. 귀족들은 일정한 장소에서 특별한 가문에서만 선출될 수 있다. 그러나 이것을 법으로 명문화하는 것은 파멸을 초래하는 일이다. 종종 가문이 없어지며 불명예스러운 이유로 가문들이 배제될 수 있다는 것을 언급하지 않더라도, 귀족의 권위가 세습된다는 것은 이러한 형태의 국가와 모순되는 것이다(1절).

<small>해설 '선출'은 귀족정에서 스피노자가 가장 중요하게 생각하는 부분이지만, 귀족들이 선거에 의존한다고 하더라도, 귀족정은 세습귀족들과 일반사람들 사이의 투쟁 또는 계급 불평등이라는 문제에 직면할 수 있다.</small>

우리가 12절에서 말했던 것처럼, 이러한 체제에서, 국가는 매우 소수의 인원이 통치권을 장악하고 있는 민주정과 유사하게 보인다.

그러나 한편으로, 그들의 자녀들과 친척들을 선출하려는 귀족들에 반대하며 통치권이 특별한 가문에 속하게 되는 것에 반대하는 것은, 불가능하며 참으로 불합리하다. 앞으로 그것을 설명할 것이다(39절). 그러나 그들이 특별한 법에 의하여 그 권리를 얻은 것이 아니며 다른 사람들이(이들은, 그 국가에서 태어나서, 그 나라 언어를 사용하고, 외국인 아내를 가지지 않았고, 권리를 박탈당하지 않았고, 노예가 아니고, 포도주 상인이나 양조업자들과 같이 비천한 일로 생계를 유지하지 않는 자를 의미한다.) 배제되지 않는다면, 그럼에도 불구하고, 국가의 형태는 유지되고 귀족들과 다중 사이의 비율을 유지하는 것이 가능할 것이다.

15. 만약 젊은 사람이 선출될 수 없다는 것이 법으로 정해진다면, 소수의 가문이 통치권을 장악하는 일은 발생하지 않을 것이다. 그러므로 30세가 안 된 사람은 후보명단에 오를 수 없다는 것을 법으로 명시해야 한다.

16. 세 번째, 모든 귀족들이 도시의 특별한 장소에서 일정한 시기에 모여야 한다는 것과 병이나 공적인 사유 없이 의회에 참석하지 않는 사람은 상당한 정도의 벌금을 내야 한다는 것을 법으로 제정해야 한다. 그렇지 않다면, 그들 대부분은 자신들의 개인적 업무를 위해서 공적인 일을 소홀히 하게 될 것이다.

17. 이 의회의 기능은, 법을 통과시키거나 폐지하며 그들의 동료 귀족과 국가의 모든 각료들을 선출하는 것이어야 한다. 최고 권리를 가진 사람 — 우리는 이 의회가 최고 권리를 갖고 있다고 주장했는데 — 은, 자신의 권리를 포기하고 그가 그 권력을 준 사람에게 그것을 위임하지 하지 않은 채, 법을 통과시키거나 폐지시킬 권한을 다른 사람에게 줄 수 없다. 단 하루 동안만이라도 법을 통과시키거나 폐지시킬 권리를 가진 사람은 국가의 전체 형태를 변화시킬 수 있다. 그러나 자신의 최고 권리를 박탈당하지 않은 채, 제정된 법에 따라 일이 진행되도록, 국가의 매일의 업무를 일시적으로 다른 사람에게 위임할 수 있다. 더욱이, 국가의 장관이 이 의회가 아니라 다른 사람에 의해서 선출된다면, 그 구성원은 귀족이라기보다 파수꾼이라고 불리는 것이 더욱 적절할 것이다.

18. 그러므로 일부는 이 의회의 통치자나 1인자를 만드는 일에 열중한다. 베네치아 사람들은 종신직으로, 제노바 사람들은 임기직으로 그들을 선출했다. 그러나 내가 충분히 설명한 것처럼, 여기에는 위험이 도사리고 있다는 것을 예견할 수 있다. 그 국가는 그 때문에 군주정의 형태에 가까워진다는 것은 의심의 여지가 없다. 그러므로 우리가 역사 속에서 추정할 수 있는 것처럼, 이러한 의회제도의 등장은 이 의회제도 이전

에 그들이 통치자나 총독의 지배—왕의 지배를 받았던 것처럼—를 받으며 살았던 이유와 다르지 않다. 그러므로 통치자를 세우는 것은 특별한 민족을 위해서는 필수적이지만, 귀족정을 위해서는 그렇지 않다.

19. 귀족정의 최고 권력이 이 의회의 구성원 개개인이 아니라 의회 전체에 달려있는 만큼(그렇지 않다면, 그것은 오합지졸의 폭도를 모은 것에 불과할 것이다), 하나의 정신으로 통치되는 하나의 몸을 이루는 것처럼, 모든 귀족들은 법으로 구속될 필요가 있다. 그러나 법을 지지하는 자들이, 그것을 위반할 수 있는 사람이기도 하며 징벌에 의해 경고를 받을 수 있는 바로 그 사람이며 그와 같은 징벌에 대한 두려움으로 자신들의 욕구를 억제하기 위해서 그들의 동료들을 벌해야 하는 사람이기도 할 때, 법은 그 자체만으로는 구속력이 약하고 쉽게 파기될 수 있다. 이 모든 것들이 불합리를 내포하기 때문이다. 그러므로 이 최고 의회의 질서를 보존하고 국가조직을 깨지 않고 유지할 방법을 찾아야 하며, 귀족들 사이에는 가능한 한 최대한의 동등성이 유지되어야 한다.

20. 토론회에서 투표가 행해질 때, 단일한 통치자나 1인자로부터, 그가 안전하게 그의 의무를 수행할 수 있도록 하기

위해서, 특히 필연적으로 그에게 부여되는 힘의 문제에 있어서 심각한 불평등이 제기될 수 있다. 그러므로 만약 우리가 전체 문제를 올바르게 고려한다면, 최고 의회 아래에 일정한 수의 귀족으로 구성된 다른 의회기구를 두는 것보다 공공의 복지에 더 유용한 것은 생각할 수 없다. 그 귀족들의 유일한 의무는, 국가의 의회들과 각료들에 관계된 법이 깨지지 않고 지켜지는지를 감독하는 것이다. 그러므로 그들은, 국가의 각료로서 그의 임무와 관련해서 법을 위반한 범죄자를 재판에 소환할 권리와 실정법에 따라 그들에게 유죄를 판결할 권리를 가진다. 이제부터 이러한 귀족들을 특별 평의원이라 부를 것이다.

21. 특별 평의원들은 종신으로 선출된다. 그들이 임기제로 선출된다면, 후에 그들이 국가의 다른 관직들을 얻을 수 있게 된다. 그것은 19절에서 지적했던 바로 그 불합리에 빠지게 한다. 물론 그들이 오랜 통치로 오만방자하게 되지 않게 하기 위해서, 60세 이상 된 자로서 원로원 의원을 역임했던 사람들만이 이 관직에 오를 수 있다. 원로원 의원에 대해서는 다음에 이야기하겠다.

22. 전체 귀족들이 다중과 맺는 관계 ― 귀족들이 적절한 수

에 미치지 못한다면 통치할 수 없는 관계 ― 와 같은 것을 특별 평의원들이 귀족들과 맺고 있다는 것을 고려한다면, 특별 평의원의 수를 쉽게 결정할 수 있다. 그러므로 특별 평의원의 수는, 귀족의 수와 다중의 비율, 즉 1대 50 정도로, 귀족들과 비율을 맞추어야 한다.

23. 더욱이, 이 의회가 자신의 임무를 안전하게 수행하기 위해서, 일정한 정도의 군인들이 의회에 할당되어야 하며 그들은 의회의 질서에 복종해야 한다.

24. 특별 평의원과 국가의 다른 각료들은 직무에 따른 사례 외에 고정급료를 받지 않아야 하며, 국가적 업무를 그르치면, 그들 스스로도 상당한 정도의 피해를 감내해야 한다. 귀족정의 각료들이 그들이 활동한 시간에 대해서 보상을 받는 것이 공정한 일이라는 것은 의심의 여지가 없다. 귀족정에서는 일반사람들이 대다수를 차지하고 있으며 그들은 국가의 일에 관심을 쏟지 않고 오직 자신들의 개인적인 일에만 전념하는 데 반하여, 귀족들은 일반사람들의 안전을 돌보고 있기 때문이다. 반대로, 자신의 이익을 추구하려는 속셈이 아니라면, 누구도 다른 사람들의 이익을 지지하지 않기 때문에(7장 4절), 국가적 업무를 담당한 각료들은, 그들이 공동의 선을 추구할

때, 자신들의 이익도 보장되도록 법을 제정할 필요가 있다.

25. 우리가 언급한 대로, 특별 평의원들의 의무는 법이 위반되지 않고 준수되는 지를 감독하는 것이며 그에 따른 사례를 받는다. 즉 어느 곳에 살든 그 나라에 거주하는 모든 가족은 매년 적은 액수의 돈, 은 1/4 온스를 특별 평의원들에게 지불할 의무가 있다. 이를 통해서 그들은 거주자들의 수를 파악할 수 있으며 어떤 비율로 귀족들이 구성되고 있는지를 알 수 있다. 다음으로, 모든 신입 귀족은 선출될 때 특별 평의원에게 상당량의 금액, 예를 들면 은 20, 혹은 25파운드를 지불해야 한다. 더욱이 부재한 귀족들(의회의 모임에 참석하지 못한 사람들)에게 부과된 돈은 특별 평의원에게 줄 수 있다. 그리고 그들은 재판을 통해서 일정 금액의 벌금을 부과 받거나 재산을 압수당함으로써, 의무를 이행하고 있지 못한 각료들의 재산의 일부도 받을 수 있다.

물론 특별 평의원 모두가 받는 것은 아니고, 매일 의회에 참석한 자들과 특별 평의원 의회를 소집할 의무를 담당하는 자들만이 받을 수 있다. 이에 대해서는 28절을 참고하라. 그러나 특별 평의원 의회에 항상 전원이 참석할 수 있도록 하기 위해서, 최고 의회가 정기적으로 소집될 때, 최고 의회의 다른 모든 업무에 앞서서, 이에 대한 고려가 있어야 한다. 만약 특별 평의원이 의무를 소홀히 한다면, 그 문제를 원로원의 의장에게 넘겨야 하며(우리가 곧 이것을 다룰 것이다), 그로 하여금 최고 의회에 경고하게 하고, 특별 평의원의 의장이 이를 묵과하는 이유를 질문하고, 이 문제에 대한 최고 의회의 의견이 무엇인지를 조사하도록 해야 한다. 만약 원로원의 의장도 그와 같이 침묵한다면, 그 문제는 최고 재판정의 의장에게 상달되어야 한다. 만약 그도 침묵한다면 다른 귀족에게 그것을 상정하고, 특별 평의원 의장에게 그랬던 것처럼, 그로 하여금 원로원과 재판정의 의장에게 그들의 침묵에 대해서 설명해 줄 것을 요구하도록 해야 한다.

마지막으로, 젊은 사람들을 배제하는 법을 엄격하게 준수하기 위해서, 30세가 된 사람들과 명백하게 법으로 제외되지 않은 모든 사람들은 원로원들 앞에서 그들의 이름을 명부에 올릴 수 있으며, 일정한 대가를 지불하고 그들로부터 자신들에게 수여된 명예의 표시를 받을 수 있다. 즉 그들은 그들에게만 허락된 특별한 장식품을 취하도록 허락받으며 그것으로 다른 사람들과 구분되며 다른 사람으로부터 존경을 받는다. 그리고 동시에, 귀족이라고 해도, 그의 이름이 공동의 명부에 등재되지 않은 사람과 무거운 형벌을 받고 있는 사람을 선거 때에 추천하지 못하도록 법을 제정해야 한다. 나아가, 어떤 사람이 그 일을 위해서 선출되었을 때, 누구도 그 일에 대한 의무나 직위에 대한 요구를 거부할 수 없다.

마지막으로, 국가의 절대적으로 근본적인 모든 법이 영원하기 위해서, 만약 누군가가 최고 의회에서 근본적인 법 — 군대 장관의 지휘권을 연기하는 것, 귀족의 수를 줄이는 것과 같은 — 에 대해서 문제를 제기한다면, 그는 반역죄를 짓는 것이다.

해설 국가의 근본적인 법은 국가의 기반을 이루는 것으로 국가체제와 동일시될 수 있는 것이다. 그러므로 이에 대한 제재는 국가체제와 연결되는 중요한 문제를 야기할 수밖에 없다.

그는 사형에 처해지고 그의 재산을 몰수할 뿐 아니라, 공중이 볼 수 있게 그가 벌을 받은 표를 그 사건에 대한 영원한 기념물로 남겨야 한다. 그러나 국가의 다른 보편적인 권리를 확실하게 하기 위해서, 우선 특별 평의원의 회원과 그리고 최고 의회의 3/4이나 4/5가 그에 대해서 동의하지 않는다면, 어떤 법도 폐지하거나 새롭게 제정할 수 없다는 것을 법으로 규정한다면, 그것으로 충분하다.

26. 최고 의회를 소집하고 그곳에서 결정될 문제를 제안하는 권리는 특별 평의원들에게 부여되며 그 의회에서 그들에게 영예로운 위치가 주어진다. 그러나 그들은 투표권을 가지지 않는다. 그들이 자신들의 자리에 앉기 전에, 최고 의회의 안전과 공공의 자유를 위해서 선서해야 한다. 그들은 오래된

법을 깨지 않고 보존하고 공동의 선을 고려하기 위해서 최선의 노력을 기울여야 한다. 그 후에, 그들의 서기관들을 통해서 토의의 주제들을 차례차례 제시하도록 한다.

27. 모든 귀족들이 법령을 제정하고 국가의 각료들을 선출하는 데 있어서 동등한 권한을 갖고 모든 의제들을 가능한 빠르고 신속하게 처리하기 위해서, 베네치아 사람들이 준수하는 법률이 전적으로 수용될 수 있다. 그들은 각료들을 임명하기 위해서 추첨으로 그 의회의 일부 구성원들을 정한다. 그리고 그들이 관직을 위한 후보자들을 차례차례 거명할 때, 각각의 귀족들은 제기된 후보를 승인할 것인지 거부할 것인지, 그의 의견을 투표용지에 표한다. 투표가 끝난 후에도, 누가 어떤 표를 던졌는지는 알 수 없다. 이러한 방법은, 결정을 하는 데 있어서 모든 귀족들의 권위가 동등해지고 일이 빨리 처리되게 할 뿐 아니라, 모든 사람들이 인기에 연연해하지 않고 자신의 소신을 펼 수 있는 절대적인 자유(의회들에서 우선적으로 필요한 것)를 가질 수 있게 한다.

28. 특별 평의원의 의회들과 다른 의회들에서, 같은 법 — 투표용지에 투표를 하는 것 — 이 준수되어야 한다. 그러나 특별 평의원의 의회를 소집하고 그 의회에서 결정될 의제들을 제안

하는 권리는 그들의 의장에게 속해야 한다. 의장은 매일 10명 이상의 다른 특별 평의원들과 함께 모임을 갖고, 각료들에 대한 일반 사람들의 불만과 익명의 고발을 청취하고, 필요에 따라 그 고발자들을 보호한다. 그리고 만약 그들 중 누군가가 그것을 연기하는 것이 위험하다고 판단한다면, 정해진 시기가 아니더라도 최고 의회를 소집한다. 그리고 이 의장과 매일 함께 모임을 갖는 사람들은 특별 평의원의 구성원들 중에서 최고 의회에 의해서 임명되어야 한다. 임기는 종신이 아니라 6개월 정도가 적당하며, 그들은 임기를 갱신할 수 없다. 한 번 임기를 마친 후에, 3년이나 4년의 공백 기간을 두어야 한다. 우리가 앞에서 언급한 것처럼, 이들은 몰수된 재산들이나 벌금들, 혹은 그것들의 일부를 받을 수 있다. 특별 평의원들에 관한 다른 사항들은 적절한 곳에서 언급할 것이다.

29. 최고 의회에 속해 있는 두 번째 의회를 원로원이라 부르는데, 원로원의 임무는 예를 들면 다음과 같은 공공의 업무를 행하는 것이다 : 국가의 법을 공고하며, 법에 따라 도시를 방어하며, 군인에게 임무를 부여하며, 신민들에게 세금을 부과하고, 외국의 사절단에게 응답하며, 대사를 보내야 할 곳을 결정하는 것과 같은 일들이다. 그러나 실제적으로 대사를 임명하는 것은 최고 의회의 의무이다. 귀족들이 원로원의 비

위를 맞추기 위해 노력하지 않도록, 최고 의회 자체만이 귀족을 국가의 관직에 임명할 수 있다는 것을 아는 것이 가장 중요하다.

두 번째로, 평화나 전쟁을 결정하는 것과 같이 어떤 면으로도 기존의 상태를 변화시키는 모든 문제들은, 최고 의회에 위탁되어야 한다. 평화나 전쟁에 대한 원로원의 법령들이 타당하다면, 그것들은 최고 의회에 의해서 인준되어야 한다. 그러므로 나는, 새로운 세금을 부과하는 권한은 원로원이 아니라 최고 의회에만 속해야 한다고 생각한다.

30. 원로원의 수를 결정하는 데 있어서는 다음과 같은 점들을 고려해야 한다. 첫 번째, 귀족이라면 누구나 원로원의 직위를 얻겠다는 동일한 희망을 가질 수 있다는 점이다. 두 번째, 원로원 의원의 선출된 임기가 끝났음에도 불구하고, 그는 잠시 동안의 간격을 둔 후에 다시 원로원 의원이 될 수 있다는 점이다. 이를 통해서 노련하고 경험 있는 사람들이 항상 국가를 통치할 수 있다. 마지막으로, 원로원 의원들 중에서 많은 사람들이 지혜와 덕에 뛰어난 면모를 보여야 한다는 점이다.

이 모든 조건들을 확실하게 하기 위해서, 50세가 넘은 사람만이 원로원 의원이 될 수 있다. 그리고 귀족의 1/12, 약

400여 명이 1년의 임기로 임명될 수 있으며, 임명된 지 2년 후에 같은 사람이 재임명 될 수 있다는 것을, 법으로 정하는 것이 가장 좋은 방법이다. 이러한 방법으로 귀족의 약 1/12은, 짧은 간격을 유지하면서 지속적으로 원로원의 업무에 참여할 수 있다. 그리고 특별 평의원을 구성하는 사람들의 숫자와 더불어, 이 숫자는 50세가 된 귀족들의 숫자와 어느 정도 맞아떨어질 것이다. 그러므로 모든 귀족들은 원로원이나 특별 평의원의 직위에 오를 수 있다는 큰 희망을 항상 가질 수 있다. 한 번 역임했다고 하더라도, 짧은 시간이 지난 후 다시 원로원의 의원직을 맡을 수 있다.

(2절에서 언급했던 것처럼) 원로원에는 지혜와 역량이 뛰어난 훌륭한 사람들이 항상 있게 된다. 이 법의 지속적인 정당성을 위해서 우리가 언급한 나이에 달한 모든 귀족들은, 원로원 의원의 의무를 위한 후보자 명단에 그들의 이름을 기입하고 최고 의회 앞에서 그들의 이름을 발표하는 특별 평의원에 관련서류를 제출하는 것 외에 다른 안전장치는 필요하지 않다. 귀족들의 입장에서 보자면 커다란 이변이 일어나지 않는 한 이 법이 깨어질 수 없기 때문이다. 이렇게 함으로써 그들은, 같은 직위의 다른 사람들과 함께, 이 최고 의회에서 그들의 다른 동료들과 구분되는 자리, 즉 원로원 의원들의 옆자리를 차지한다.

31. 원로원 의원들의 소득, 즉 그들의 이익은 전쟁 시보다 평화 시에 더 많아야 한다. 그러므로 외국으로 수출되거나 외국에서 수입되는 상품들의 1/100이나 1/50을 그들에게 주어야 한다. 이러한 방법은, 그들이 할 수 있는 한 평화를 보존하게 하며 전쟁을 연장하지는 않게 할 것이 분명하다. 원로원 의원들 중 어떤 사람이 상인이라면, 원로원 의원이라도 납세의 의무를 면제해서는 안 된다. 이러한 면세가 무역에 심각한 위험을 초래할 것이라는 점은 누구나 알 수 있기 때문이다.

반대로, 어떠한 원로원 의원이나 전 원로원 의원도 군인의 직위를 차지하지 못한다는 것을 법으로 제정해야 한다. 나아가, 그의 아버지나 할아버지가 원로원 의원이거나 2년 내에 원로원의 직위를 가졌던 사람은 장군이나 집정관 — 우리가 전쟁 시에만 임명될 수 있다고 말한 관직들(9절) — 으로 임명될 수 없다.

해설 원로원을 군인과 분리시키는 것은 권력의 분산이라는 면에서 매우 중요하다.

원로원에 속하지 않은 귀족들이 그들의 최선을 다하여 이러한 법을 지지할 것이라는 점은 의심의 여지가 없다. 원로원 의원들은 항상 전쟁 시보다 평화 시에 더 많은 이익을 얻을 것이기 때문에, 그들은 국가가 시급하게 전쟁을 필요로 할 때를 제외하고는 결코 전쟁을 권하지 않을 것이다.

우리에게 다음과 같은 이의를 제기할 수도 있다: 이러한 체제에서 특별 평의원들과 원로원 의원들이 큰 이익을 얻는다면, 귀족정은 군주정만큼 신민들에게 부담이 될 것이다. 그러나 왕의 궁정이 더 많은 경비를 요구한다는 사실, 그것이 평화를 지키는 데 아무 필요가 없다는 사실, 평화는 너무 소중해서 어떠한 희생이 따르더라도 지켜야 한다는 사실들을 언급하지 않더라도, 다음과 같은 것들을 지적할 수 있다. 첫 번째, 군주정 아래서 한 사람이나 소수의 사람들에게 주어졌던 모든 것들은, 귀족정에서는 매우 많은 사람들에게 주어진다. 두 번째, 왕들과 그들의 각료들은 신민들처럼 국가의 세금을 부담하지 않는다. 반면에 귀족정에서 이러한 상황은 역전된다. 항상 부자들 중에서 선출되는 귀족들은 국가의 재정적 부담을 가장 많이 감당하기 때문이다.

마지막으로, 군주정의 세금은 왕의 경비를 위해서가 아니라 국가의 비밀스러운 정책 때문에 징수된다. 평화와 자유를 지키기 위해서 신민들에게 부과된 국가의 이러한 세금들은, 그 액수가 크다고 하더라도, 평화의 유용성에 의해서 옹호되며 견딜 수 있는 것으로 받아들여진다. 어떤 시민이 네덜란드만큼 그렇게 많고 무거운 세금을 지불해야 했는가? 그러나 네덜란드 시민들은 재산이 고갈되지 않았을 뿐 아니라, 오히려 그들의 부로 막강해졌으며, 다른 나라들은 그들의 많은 재산을 부러워했다.

> 해설 근대적 국가가 생겨나던 17세기에 네덜란드는 선두적인 역할을 하며 국가의 힘을 확장하였으며, 특히 경제력의 신장에 있어서 다른 나라들의 추종을 불허하며 부국(富國)을 이루었다.

그러므로 군주정의 세금이 평화를 위해서 부과된다면, 그 세금은 시민을 억압하지 않는다. 그러나 내가 말한 것처럼, 군주정의 비밀스러운 정책으로 말미암아, 신민들이 그들의 세금 아래서 허덕일 수 있다. 즉 왕들의 덕은 평화 시보다 전쟁 시에 더욱 중요하며 독재적으로 통치하는 왕들은 무엇보다도 그들의 신민들을 가난하게 만들고자 하기 때문이다. 가장 현명한 네덜란드 사람인 V. H.가[3] 이전에 지적했던 다른 사항들은 언급하지 않겠다. 왜냐하면 그것들은 각각의 종류의 국가의 가장 훌륭한 상태만을 다루는 나의 구상과 상관이 없기 때문이다.

32. 최고 의회에 의해서 선출되는 특별 평의원에 대해서, 투표할 권리를 갖지 못한 채, 일부는 원로원에 참석해야 한다.

---

[3]. "이 V. H.는 Pieter de la Court(1618~85)이다. 그는 저명한 정치평론가로서 D. C.(De la Court), V. H.(Van den Hove, 네덜란드어로 같은 의미)라는 약자로 글을 썼다. 그는 요한 데 비트(John de Witt)의 스태홀더당(the party of the Statholders)에 반대했다."(Pollock, *Life and philosophy of Spinoza*, 10장 끝부분).

그들은 그 모임에 관한 법이 적절하게 준수되는 지의 여부를 감독하며, 어떤 문제가 원로원으로부터 최고 의회에 제출되었을 때, 최고 의회를 소집한다. 우리가 이미 언급했던 대로, 이 의회를 소집하고 논의할 의제를 제안하는 최고의 권리는 특별 평의원이 갖고 있기 때문이다. 원로원 의원들이 함께 투표하기 전에, 원로원의 의장은 업무의 상황과 제기된 의제에 대한 원로원의 의견과 그에 대한 이유 등을 설명해야 한다. 그 후에, 해왔던 방식에 따라 투표를 실시해야 한다.

33. 원로원 전체가 매일 모임을 가질 필요는 없으며, 모든 큰 의회들처럼, 일정한 기간에 모임을 가진다. 그러나 모임이 없는 시기에도 국가의 행정이 집행되어야 하는 만큼, 원로원이 해산된 시기에, 원로원 의원들 중 일부가 선출되어서 그 임무를 담당할 필요가 있다. 그들의 임무는, 필요에 따라 원로원을 소집하며, 국가적 업무에 대해서 원로원의 법을 집행하며, 원로원과 최고 의회에 보내진 편지를 읽으며, 마지막으로, 원로원에 제출된 문제에 대해서 의논하는 것이다. 그러나 이 모든 점들과 이 모임의 질서가, 전체적으로 더욱 쉽게 이해되도록, 나는 전체 문제를 더욱 자세하게 다루고자 한다.

34. 우리가 이미 언급했던 것처럼, 1년 임기로 선출되는

원로원 의원들은 4부서나 6부서로 나누어지며, 첫 번째 부서는 그 해의 처음 2달이나 3달 동안 원로원의 상석에 앉게 한다. 이 기간이 만료되면, 두 번째 부서가 상석을 차지하며, 이와 같이 순번대로 돌아간다. 그리고 첫 번째에 상석을 차지했던 부서는 두 번째 기간에는 마지막 자리를 차지한다. 또한 각각의 부서들에 상응하는 의장들을 임명하고, 필요할 때 역할을 감당하도록 부의장의 수도 그만큼 임명한다. 즉 각각의 부서에서 한 명은 의장으로, 다른 한 명은 부의장으로, 두 명씩이 선출되어야 한다. 첫 번째 부서의 의장은 첫 번째 기간에 원로원의 의장이 된다. 또는 그가 궐석 시에, 그 부서의 부의장이 그의 자리를 대신한다. 그리고 나머지 부서들도 앞에서 말한 방식을 준수한다.

다음으로, 원로원이 해산되었을 때, 원로원의 일을 수행하도록 첫 번째 부서에서 일부가 선거나 추첨으로 선출되며, 이들은 그 부서의 의장과 부의장과 연합하여 일을 수행한다. 이것은 첫 번째 부서가 원로원의 상석을 차지하고 있는 동안으로만 한정된다. 그러므로 기간이 만료되면, 원로원의 일을 수행하도록 두 번째 부서에서 투표나 추첨으로 다시 많은 사람들이 선출되며, 그들은 또한 그 부서의 의장과 부의장과 연합하여 일을 수행한다. 이로써 그들은 첫 번째 부서의 위치를 감당하며 원로원의 공백을 메운다. 나머지 부서들도 이러한 방식으로 진행된다. 이 사람들, 즉 2달 혹은 3달 일하기 위해서 투표나 추첨으로 선출되어야 한다고 내가 말했던 자들은 최고 의회에서 선출될 필요는 없다. 29절에서 언급했던 이유는 이 사람들에게는 적용되지 않기 때문이며, 17절에 언급된 이유는 더욱 그러하기 때문이다. 이 사람들은 원로원과 원로원의 모임에 출석한 최고 평의원에 의해서 선출되는 것으로 충분하다.

35. 이 사람들의 수에 대해서는, 우리가 정확하게 확정할 수 없다. 그들의 수가 많으면 쉽게 타락하기 어렵다는 것은 분명하다. 비록 그들이 국가적 업무에 대해서 어떤 것도 단독으로 결정할 수 없다고 하더라도, 그들은 원로원을 연기시키거나, 최악의 상태로는, 중요하지 않은 문제를 우선시하고 더 중요한 문제를 뒤로 제쳐둠으로써 원로원을 혼란하게 만들 수 있다. 만약 그들이 극소수라면, 한 사람 혹은 두 사람의 부재가 공공의 업무를 지연시킬 것이라는 점은 두 말할 필요가 없다.

집정관들을 임명하는 이유는 큰 의회들이 매일같이 공공의 업무들에 전념할 수 없기 때문이다. 그러므로 그들의 수에 대한 해결책이 강구되어야 한다는 것은 당연하다. 그들의 수의 문제점은 그들의 임기가 짧은 것으로 보충될 수 있다. 그러므로 만약 2달 혹은 3달 동안 13명 정도가 선출된다면, 그 정도의 숫자는 이 짧은 기간에 그렇게 쉽게 타락하기 어렵다. 이러한 이유 때문에, 그들의 후임자들은 그들이 계승하고 다른 이들이 떠날 바로 그 시기에 임명할 것을 권했던 것이다.

36. 비록 소수라 하더라도, 그들 중에 일부가 필요하다고 생각한다면, 원로원을 소집하는 것, 결정해야 할 의제들을 제출하는 것, 원로원을 해산하는 것, 공공의 업무를 처리하는 것 등이 그들의 의무라는 것을 언급했다. 그러나 불필요한 문제로 업무들이 오랫동안 지연되지 않도록, 이제 이것을 행할 때의 절차에 대해서 간략하게 언급하도록 하겠다.

집정관들은 원로원에 제출된 의제와 그들이 해야 할 일들을 논의해야 한다. 어떤 문제에 대해서 그들의 의견이 일치하면, 그 문제를 정식으로 설명하기 위해서 원로원을 소집한다. 그리고 그들의 의견이 무엇인지를 밝히고, 다른 의견을 들어볼 필요도 없이 순서에 따라 투표한다. 만약 집정관들의 의견이 서로 다르다면, 제출된 문제에 대해서 많은 집정관들의 지지를 받은 의견을 우선 원로원에서 진술한다.

그리고 우리가 이미 언급한 것처럼 비밀투표를 하는 데 있어서, 같은 안건이 원로원과 집정관들의 과반수의 인준을 받지 못하거나 의견을 결정하지 못한 자들과 반대자들이 과반수를 차지하면, 집정관들 사이에서 이전 것보다 적은 지지를 받았던 두 번째 의견을 진술한다. 그리고 나머지 의견들도 그와 같은 순서로 진행한다. 그러나 어떤 의견도 원로원 전체의 과반수 승인을 얻지 못하면, 원로원을 다음날이나 혹은 며칠 동안 연기한다. 그 사이에 집정관들은, 원로원을 더욱 만족시킬 수 있는 다른 방법을 찾을 수 있는지를 알아보아야 한다.

그러나 그들이 다른 방법을 찾는 데 실패하거나 원로원의 과반수가 그들이 찾은 것을 인준하지 않는다면, 그 때는 원로원 의원 각각의 의견을 청취해야 한다. 그리고 원로원의 과반수가 이들 중 어떤 의견도 지지하지 않는다면, 다시 각각의 의견에 대해서 투표해야 한다. 그리고 지금까지의 긍정적인 표뿐 아니라, 불확실하고 부정적인 표도 계산해야 한다. 긍정적인 표가 불확실하거나 부정적인 표보다 더 많다고 인정되면, 그 의견을 좋은 것으로 받아들인다. 그러나 반대로, 부정적인 표가 불확실하거나 긍정적인 표보다 더 많다면, 그것은 기각된다. 그러나 각각의 의견들 중에서 긍정적인 표와 부정적인 표보다 불확실한 표가 더 많으면, 특별 평의원 의회를 원로원과 연합시켜서 원로원 의원들과 함께 투표하게 한다. 이때, 이도 저도 아닌 의견은 제외하고 단지 긍정이냐 부정이냐 만을 투표할 수 있다. 원로원에 의해 최고 의회에 제출된 의제들에 대해서도 같은 절차를 준수해야 한다. 원로원에 대해서는 이 정도로 하겠다.

37. 법정이나 법원에 대해서, 그것은 우리가 6장 26절 이하에서 다루었던 군주정 아래에 있는 것과 같은 기초에 의거하지 않는다. 국가의 근거가 가문이나 씨족으로 구성되어 있는 것이(14절) 귀족정의 기초와 다르기 때문이다. 더욱이, 오직 귀족으로부터 선출된 재판관은 그들의 귀족 후임자에 대한 두려움으로 다른 귀족들에 대해 불의한 선고를 내리는 것을 억제할 수 있으며 아마도 그들의 과오에 대해서도 그들을 벌할 용기를 갖지 못할 것이다. 그러나 반대로, 그들은 일반사람들에 대해서는 온갖 것들을 행할 것이며 그들 중에 부자들을 매일같이 자신들의 밥으로 여길 것이다.

> 해설 귀족정에서는 귀족과 평민들 사이에서 있을 수 있는 불평등과 불이익을 항상 염두에 두어야 한다.

그러므로 많은 사람들이, 그들의 재판관을 귀족이 아니라 외국인 중에서 선출한 제노바 사람들의 사례를 지지했다는 것을 알고 있다. 그러나 이론적인 문제를 고려하자면, 귀족이 아니라 외국인으로 하여금 법을 해석하게 하는 것은, 내가 보기에는 불합리한 듯하다. 재판관은 법의 해석자가 아니고 무엇이란 말인가? 그러므로 나는, 제노바 사람들이 이러한 종류의 국가의 본질적인 측면보다 그들 민족의 천부적 특성을 더 고려했다는 점을 지적하고자 한다. 그러므로 우리는 이론적인 문제를 고려함으로써, 이러한 통치의 형태에 가장 잘 부합하는 방법을 제안해야 한다.

38. 그러나 재판관의 수에 대해서, 이론상 이 조직은 특별한 요구를 하지 않는다. 그러나 군주정 아래에서처럼, 귀족정에서도 숫자가 많아서 개인적으로 타락할 수 없는 정도면 충분하다. 그들의 임무는 다른 사람에게 범죄를 행하는 개인에 대해서 미리 대비하는 것, 일반사람들 뿐 아니라 귀족들 사이의 분쟁을 해결하는 것, 모든 사람들이 준수해야 하는 법을 위반하는 한에 있어서 귀족이나 특별 평의원이나 원로원 의원이라고 할지라도 범죄자를 처벌하는 것 등이다. 국가에 속해 있는 도시들 사이에 일어난 분쟁은 최고 의회에서 결정해야 한다.

39. 더욱이 재판관이 임명되는 임기를 정하는 원칙은, 두 형태의 국가에서 같다. 그들 중 일부는 원칙적으로 매년 물러나야 한다. 마지막으로, 그들 모두의 가문이 각각 달라야 할 필요는 없다고 하더라도, 혈족으로 연결된 두 사람이 같은 재판석에 앉으면 안 된다는 것은 당연하다. 이것은 최고 의회를 제외한 다른 의회들에서도 지켜져야 한다. 최고 의회는, 어떤

사람도 투표 때에 친척을 추천할 수 없으며 다른 사람에 의한 친척의 추천에 투표할 수 없고, 친척간인 두 사람은 국가의 각료에 대한 추천함에서 함께 추첨할 수 없도록 법으로 규정하는 것만으로 충분하다. 많은 수의 회원으로 구성되어 있으며 그로부터 어떤 특별한 이익도 취하지 않는 의회에서는 이것으로 충분하다고 생각한다.

이것으로 국가는 어떤 손해도 전혀 받지 않을 것이기 때문에, 우리가 14절에서 말한 것처럼, 모든 귀족의 친척을 최고 의회에서 배제하는 법을 제정하는 것은 불합리하다. 그것이 불합리하다는 것은 분명하다. 귀족들 스스로 자신들의 권리를 전적으로 포기하지 않는 한, 그러한 법을 제정하지 않을 것이기 때문이다. 5절과 6절에서 우리가 증명했던 것에 직접적으로 반대하는 이 법은, 귀족이 아니라 일반 사람들에 의해서 지지될 것이다. 그러나 귀족들과 다중 사이에 일정한 수의 비율이 유지되도록 규정된 귀족정의 법은, 주로 귀족들의 권리와 힘을 보존하려는 목적을 가지고 있다. 즉 그들의 수가 너무 적어서 다중을 통치할 수 없게 되는 것을 막으려는 목적을 가진다.

> 해설 귀족정에서 발생할 수 있는 불평등을 전적으로 배제할 수 있는 법적인 조치는 실제로 불가능하다. 단지 스피노자가 지적하고 있는 것들에 기초해서 그것들이 이성적이고 합법적으로 실행될 수 있다면, 좋은 국가라고 할 수 있을 것이다.

40. 그러나 재판관들은 오직 귀족들로부터, 즉 법의 실제적 입안자들로부터(17절), 최고 의회에서 선출된다. 그리고 그들이 형사사건뿐 아니라 민사사건에서 결정한 판결은, 재판의 정당한 과정에 따라 편파적이지 않게 선고되었다면, 정당하다. 이러한 문제에 대해서 특별 평의원은 그것에 관하여 진상을 조사하고 판단하고 결정하는 권한을 법에 의해서 갖는다.

41. 재판관의 보수는 우리가 6장 29절에서 언급한 것과 동일하다. 즉 그들은 민사재판에서 그들이 판결한 모든 재판에 대해서, 패소한 쪽이 걸은 전체 금액의 배당금을 받는다. 그러나 형사재판에서 판결할 경우, 그들이 압수한 재산과 보다 덜 심각한 죄에 대해서 부과된 벌금을 그들의 보수로 받는다는 점이 민사재판과 다르다. 그러나 이러한 것들은 군주정에서와 마찬가지로, 그들이 고문과 같은 것으로 강요된 자백을 받아내지 말아야 한다는 것을 전제로 한다. 이러한 법령들은 일반 사람들에게 부당한 일이 행해지는 것과 두려움 때문에 귀족들에게 너무 관대하게 해주는 것을 충분히 막아줄 수 있다. 특히, 정의라는 보기 좋은 이름을 내걸 수 있을 때, 탐욕은 이러한 두려움을 억누르기에 충분하다. 더욱이, 재판관들의 수가 많고 그들이 비밀투표를 한다는 사실 때문에, 재판에서 져서 분개한 사람이라도 특별한 사람에게 원한을 가질

수는 없다.

> 해설 정당한 절차를 통해서 진행되는 일에 이의가 제기될 수 없을 뿐만 아니라, 많은 수의 사람이 비밀투표로 동의한 결과에 대해서 사적으로 이의가 제기된다는 것은 사실상 불가능하기 때문에, 재판관들은 보복에 대한 두려움 없이 옳은 것을 행할 수 있다.

더욱이 특별 평의원들에 대한 두려움은, 그들로 하여금 불공정한 것이나 적어도 불합리한 판결을 선고하거나 그들 중 누군가를 배신하는 것을 막아준다. 그 외에 그렇게 많은 재판관들 중에는 불의한 사람들이 두려워할 만한 사람이 한, 두 명은 있게 마련이다. 마지막으로, 일반 사람들이 관계되는 한, 내가 말한 것처럼, 재판관의 행위에 대해서 진상을 조사하고 판단하고 결정할 권한을 법으로 부여받은 특별 평의원에게 호소하는 것이 그들에게 허락된다면, 그들은 안전을 충분하게 보장받을 것이다. 특별 평의원들이 귀족들의 증오를 피할 수 없다는 것은 분명하지만, 한편으로, 그들은 일반 사람들로부터 가장 많은 인기를 누릴 수 있기 때문에, 그들이 명령할 수 있는 한에서, 일반 사람들의 지지를 얻으려고 노력할 것이다.

이러한 목적 때문에, 그들에게 기회가 왔을 때, 그들은 법정의 법에 반해서 선언된 판결을 뒤엎고 재판관을 심의하고 편파적인 사람들을 벌주는 일을 놓치지 않을 것이다. 이러한 것들보다 더 많이 다중의 마음을 움직일 수 있는 것이 없기 때문이다. 그러나 이러한 일이 잘 일어나지 않는 것은 흠이 아니며 오히려 이로운 일이다. 매일같이 범죄자와 씨름해야 하는 국가는 문제가 있다는 것을 언급하지 않더라도(5장 2절에서 보았던 것처럼), 가장 평판이 좋은 일들은 확실히 그렇게 자주 일어나지 않기 때문이다.

42. 도시들과 지방들에 통치자로 보내진 사람들은 원로원 의원들의 직급으로부터 선출되어야 한다. 왜냐하면 원로원 의원들의 임무가 도시들과 국고들과 군대를 강화하도록 감독하는 것이기 때문이다. 그러나 어느 정도 멀리 떨어진 지역으로 보냄을 받는 사람들은 원로원에 참석할 수 없기 때문에, 그 나라 안에 있는 도시들에 파견되는 사람들만 원로원 자체 내에서 호출된다. 더 멀리 떨어져 있는 지역으로 보내지는 사람들은 원로원의 직급에 상응하는 연배의 사람들로부터 선출된다.

그러나 만약 이웃도시들을 공공연하게 무시할 수 있을 만큼 그들이 약하지 않은 상황에서 — 이웃도시를 공공연하게 무시할 수 있는 상황을 확실하게 상상할 수 없지만 —, 그들이 투표할 수 있는 권리를 부정한다면, 국가의 평화가 충분히 지켜질 것이라고 생각할 수 없다. 그러므로 이웃도시들에게 시민권을 주며 각 도시들로부터 각각 20명, 혹은 30명, 40명 정도의 시민들을 선출하여(그 수는 도시의 규모에 따라 달라질 것이다)

귀족들의 명부에 올리고 그들로부터 3명, 혹은 4명, 5명을 매년 원로원으로 선출하고 그 중 한 명은 종신으로 특별 평의원이 되도록 할 필요가 있다. 원로원이 된 사람들은 자신들이 선출된 그 도시를 통치하도록 그들의 특별 평의원과 함께 보냄을 받는다.

43. 더욱이, 재판관들은 각각의 도시들에서 임명되며 그 도시의 귀족들로부터 선출된다. 이들에 대해서 자세히 다루는 것은 불필요한 일이라 생각한다. 왜냐하면 이들은 특별히 이러한 형태의 국가의 기초와 관계가 없기 때문이다.

44. 모든 의회에서, 서기관들과 이러한 종류의 다른 관리들 — 투표할 권리가 없는 사람들 — 은 일반 사람들로부터 선출되어야 한다. 이러한 사람들은 오랫동안의 실무경험으로 능숙하게 일들을 수행할 수 있다. 그러므로 그들의 조언에 권리이상으로 경의가 표해지는 경우와 국가의 전반적인 상태가 대개 그들의 지휘에 의존하는 경우가 종종 발생하기도 한다. 그러한 상황이 네덜란드에서 치명적으로 발생했다.

해설 스피노자가 살았던 당시인 16~17세기 네덜란드에서, 오라녜-나사우Oranje-Nassau 가문과 정무관들 사이에 있었던 권력투쟁의 과정을 의미한다.

이러한 일은 많은 귀족들의 시기(猜忌)를 자극하지 않고는 일어날 수 없다. 그리고 원로원의 지혜가 원로원 의원들의 조언이 아니라 관리들의 조언에서 나온다면, 원로원은 나태한 사람들로 구성되어질 것이 분명하다. 그리고 국가의 이러한 상태는 소수의 고문관들에 의해서 감독되는 군주정의 상태보다 좋지 않을 것이라는 점은 의심의 여지가 없다(6장 5~7절을 참조하라).

이러한 불의한 상태에 대해서, 국가가 제대로 조직되었는지 그렇지 않는지에 따라, 국가는 더 많은 혹은 더 적은 책임이 있다. 만약 국가가 충분히 견고한 기초를 가지고 있지 않다면, 국가의 자유는 위험 없이 지켜질 수 없기 때문이다. 그 위험을 피하기 위해서, 귀족들은 일반 사람들로부터 야망이 있는 각료들을 선출하고, 마침내 혁명이 일어났을 때, 자유에 반하여 음모를 꾸미는 사람들의 분노를 달래기 위한 희생제물로 그들을 사용한다. 그러나 자유가 충분히 견고한 기초를 갖고 있는 국가에서는, 귀족들 스스로 그것을 지킬 명예를 다투며 업무를 행하는 사리분별이 그들의 조언으로부터만 나오도록 열심을 다한다.

이러한 국가의 기초를 놓는 데 있어서, 우리는 무엇보다도 두 가지 점을 염두에 두었다. 즉 투표에서 뿐 아니라 조언을 하는 데 있어서도 일반사람들을 배제하는 것(3, 4절)과 국가의 최고 권력을 귀족 전체에 속하게 하는 것이다.

> 해설 귀족정에서 일반사람들이 국가의 일들에 참여할 수 있지만 권력을 부여받지는 못한다.

이 권력은 특별 평의원과 원로원에 의해서 집행되며, 마지막으로 원로원을 소집하고 공공의 복지에 영향을 미치는 문제들을 다루는 권리는 원로원으로부터 선출된 집정관들에게 부여된다. 그러나 원로원에서건 다른 의회에서건 간에, 서기관은 기껏해야 4년이나 5년 임기로 임명되며 그 기간 동안에 그 업무의 일부를 감당하게 하기 위해서 같은 임기로 임명된 보조 서기관을 그에게 배속시키는 법을 제정한다면, 혹은 원로원은 한 사람이 아니라 여러 명의 서기관 ─ 한 부서에서 한 사람의 서기관을 고용함으로써 여러 부서에서 여러 명의 서기관을 고용함 ─ 을 갖도록 법을 제정한다면, 관리들의 힘은 그러한 결과에 이르지 못할 것이다.

> 해설 일반사람들의 업무와 권력을 분리시키는 것은 국가의 안정을 위한 조치라 할 수 있다.

45. 이와 같이 회계담당자도 일반 사람들 중에서 선출되어야 하고 원로원뿐 아니라 특별 평의원에 재무보고서를 제출할 의무가 있다.

46. 종교에 대한 문제는 『신학-정치론』에서 충분히 자세

하게 다루었다. 그곳에서 다루지 않고 생략했던 것은 다음과 같은 것이다. 예를 들면, 무엇보다도, 모든 귀족들이 같은 종교, 즉 『신학-정치론』에서 묘사했던 가장 단순하고 가장 일반적인 종교를 가져야 한다는 것이다. 귀족들 스스로 분파를 나누고 이것저것에 대한 선호를 드러내고 미신에 경도되며 신민들로부터 자신들의 의견을 말하는 자유를 빼앗으려고 하는 것을 피해야 하기 때문이다. 두 번째로, 모든 사람들이 자신들의 의견을 말할 자유를 갖고 있다고 하더라도, 큰 규모의 비밀집회는 금지되어야 한다.

그러므로 다른 종교를 믿는 사람들은 자신들이 만족할 수 있는 만큼의 예배당을 지을 수 있도록 해야 한다. 그러나 예배당들은 작고, 일정한 규모로 제한되어야 하며, 한 예배당과 다른 예배당 사이의 거리는 어느 정도 유지되어야 한다. 그러나 국가종교로 봉축된 예배당이 크고 화려해야 한다는 것은 매우 중요하다. 귀족들과 원로원 의원들만이 그곳에서 행해지는 주요한 제의에 참여할 수 있다. 그리고 그곳에서는 귀족들만 세례 받을 수 있으며 결혼식을 올리고 안수할 수 있다. 일반적으로 귀족들은 예배당의 사제이며 국가종교의 옹호자이며 해석자로 간주된다. 그러나 설교를 위해서나 교회의 재무와 매일의 업무들을 담당하기 위해서, 원로원은 일반 사람들로부터 일부의 사람들을 선출하여야 한다. 그들은 원로원의 대리인이 되며, 모든 일을 원로원에 보고할 의무가 있다.

47. 이러한 것들이 귀족정의 기초에 관계된 점들이다. 여기에, 나는 덜 본질적이지만 매우 중요한 몇 가지 점들을 덧붙이려고 한다. 귀족들이 길거리에 나갈 때, 그들은 특별한 장식과 옷으로 구분되며 특별한 칭호로 인사를 받아야 한다. 그리고 일반 사람들은 그들에게 길을 양보해야 한다. 그리고 어떤 귀족이 불가피한 불행으로 자신의 재산을 잃었다면, 그는 공공의 경비로 이전의 상태로 복귀되어야 한다. 그러나 반대로 그가 낭비나 사치, 도박, 방탕함 등으로 재산을 탕진하거나 파산했다는 것이 입증되면, 그는 자신의 명예를 잃어야 하며 모든 지위와 관직을 박탈당해야 한다. 자신과 자신의 개인적 업무를 감당할 수 없는 사람은 공공의 업무에 대한 조언을 잘 할 수 없기 때문이다.

48. 법에 따라 강제로 서약을 하는 사람들이 국가의 안전과 자유에 의해서 그리고 최고 의회에 의해서 맹세하도록 명령받았다면, 그들은 신에 의해서 맹세한다고 말하는 사람보다 더욱 위증을 조심해야 한다. 신에 의해서 맹세하는 사람은 스스로에게 개인적인 이익 — 그에 관하여 자신이 판단할 수 있다 — 을 담보로 한다. 그러나 자신의 나라의 자유와 안전을 담보

로 맹세한 사람은 모든 사람들의 공공의 이익 — 그에 관하여 그가 판단할 수 없다 — 에 의해서 서약하는 것이다. 그리고 만약 그가 스스로에게 위증을 한다면, 그로 인하여 그는 자신의 나라의 적으로 드러난다.

> 해설 상호성이라는 측면에서 개인은 국가에 대해서 책임을 가진다. 스피노자는 앞에서 이것을 국가에 대한 신민의 복종이라는 것으로 강조했다.

49. 공공의 비용으로 세워진 대학은 인간의 본성적 능력을 억제할 뿐 아니라 본성적 능력을 계발시키는 것을 목적으로 한다. 그러나 만약 원하는 모든 사람들이 공적으로 가르칠 수 있고 그것에 대해서 그들이 비용을 대고 그들의 명성이 위태로울 수 있다는 것을 감수한다면, 자유로운 국가에서 기술과 학문은 충분히 잘 양성될 수 있다. 그러나 이러한 점들과 이와 유사한 점들에 대해서는 다른 곳에서 다루겠다.[4] 여기서는 오직 귀족정에 관한 문제만을 다루려고 했기 때문이다.

---

4. 저자는 이 약속을 지키지 못했다. 그 작품을 끝내도록 살지 못했기 때문이다.

9

귀족정에 대하여(2)

1. 지금까지 우리는 국가 전체의 수도로부터 국가의 이름을 취하는 귀족정을 고찰하였다. 이제는 하나 이상의 도시가 통치권을 장악하고 있는 국가 — 나는 이러한 형태가 이전의 것보다 더 바람직하다고 생각한다 — 를 다룰 차례이다. 우리는 이 둘의 차이점과 우월성에 주목하기 위해서, 이제 다루려고 하는 종류의 국가에 맞지 않는 기초들을 제외하고, 그것들을 이러한 국가가 의지해야 하는 다른 기초들로 대치하면서, 국가의 기초들을 하나씩 음미하고자 한다.

2. 시민권을 갖고 있는 도시들은 한편으로, 각각의 도시가 다른 도시들 없이 단독으로 존속할 수 없도록 세워지고 강화되어야 한다. 그러나 다른 한편으로, 국가 전체에 큰 손해를 끼치지 않고 다른 도시들을 버릴 수 없도록 세워지고 강화되어야 한다. 이를 통해서 그 도시들은 항상 연합된 상태로 남아있을 것이다. 그러나 그렇게 구성된 도시들은 스스로를 유지할 수도 없으며, 다른 도시들에게 위험스러운 존재도 되지 못하기 때문에, 의심의 여지없이 독립적이지 못하며 다른 도시들에 절대적으로 종속된다.

> 해설 하나 이상의 도시가 연합한 국가들은 서로 종속적인 관계를 유지하고 그 연합을 통해서 하나의 권력을 만들어내야 한다. 그 중 하나가 독립적이고 절대적인 권력을 갖는다면, 그것은 이미 이러한 국가의 특성을 벗어나는 것이기 때문이다.

3. 그러나 8장의 9절과 10절에서 다룬 내용 — 귀족들의 수와 다중의 비율과 귀족으로 임명될 수 있는 사람들의 적정 나이와 조건에 대한 것 — 은 귀족정의 일반적인 특성으로부터 추론된 것이다. 그러므로 하나 이상의 도시가 통치권을 장악하고 있는 국가라 하더라도, 이러한 것들에 대해서는 어떤 차이도 없다. 그러나 이 국가에서, 최고 의회는 다른 기반을 가져야 한다. 국가의 어떤 도시가 이 최고 의회의 모임을 위해 지명되었다면, 그 도시는 실제로 국가의 수도가 되기 때문이다. 그러

므로 도시들은 순서를 정하든지, 시민권을 갖지 않으며 모든 도시에 동등하게 속해 있는 한 장소가 이 의회를 위해서 할당되도록 해야 한다. 그러나 어떠한 선택도, 말하기는 쉽지만 실행하는 것은 어렵다. 수천의 사람들이 그들의 도시 밖으로 나가야 하든지, 때에 따라 이 장소 저 장소로 모임을 옮겨야 하기 때문이다.

4. 그러나 이 문제에 대해서 무엇을 해야 할 것인지, 어떤 방식으로 이러한 국가의 의회들을 구성해야 할 것인지를, 이러한 국가의 특성과 조건으로부터 바르게 결정하기 위해서, 다음과 같은 점들을 고려해야 한다. 즉 각각의 도시들이 권리에 있어서 한 개인을 능가하는 것처럼(2장 4절), 이러한 국가에서 각각의 도시들은 그들이 힘을 가지고 있는 한, 도성 안 혹은 그 도시의 사법권이 영향을 미치는 곳에서 더 많은 권리를 가지고 있어야 한다.

다음으로, 개개의 도시들이 계약체제가 아니라 하나의 국가를 구성하는 체제로서 서로 연합하며 하나로 묶여있다고 하더라도, 각각의 도시들은 그들이 힘에 있어서 다른 도시들을 능가할 때, 다른 도시들 보다 그 국가에 대해서 더 많은 권리를 가진다. 불평등한 관계에서 동등함을 찾는 사람은 불합리함을 추구하게 되기 때문이다. 진정으로 시민들은 당연히 동등하게 평가되어야 한다. 국가 전체의 힘과 비교되는 각각의 시민의 힘은 있을 수 없기 때문이다.

> 해설 스피노자가 도시들의 연합과 하나 됨을 이야기할 때, 그것은 수학적 의미의 동등한 관계를 전제로 하지 않는다. 스피노자는, 각각의 도시가 크기에 비례하는 힘을 가지며 국가라는 연합체 안에서 그 힘을 행사하는 것을 합리적이며 정당한 일이라고 생각한다. 그러나 동시에 그는, 국가가 이러한 다양한 힘의 연합으로 이루어졌다고 하더라도, 그 안에 있는 한 사람 한 사람의 신민들은 평등한 권리를 누려야 하며, 그러한 관계를 조절하고 통제할 수 있는 장치가 필요하다는 것을 지적한다.

그러나 각각의 도시의 힘은 국가 자체의 힘의 커다란 부분을 구성하며, 도시가 클수록 그 힘은 더욱 커진다. 그러므로 모든 도시들이 동등할 수 없다. 각각의 도시들의 힘만큼이나, 그 도시들의 권리도 그것의 크기에 따라 평가된다. 그러나 그 도시들이 하나의 국가로 묶여있을 수 있는 연고는, 무엇보다 원로원과 법정에 있다(4장 1절). 어떻게 각각의 도시들이 이러한 연고들에 의해서 모두 연합하면서 가능한 한 독립적으로 남아있을 수 있는지에 대해서 간략하게 다루겠다.

5. 모든 도시의 귀족들은, 도시의 규모에 따라 그 수가 많거나 적거나 할 수 있는데(3절), 자신들의 도시에 대해서 최고의 권리를 가진다. 그리고 그 도시의 최고 의회에서, 그들은 도시를 강화하고 성벽을 확장하며 세금을 부과하고 법을 제정

하거나 폐지하는 등, 일반적으로 그들이 자신들의 도시의 보존과 성장을 위해서 필요하다고 판단되는 모든 일을 하는 최고 권력을 소유한다. 그러나 국가의 공공의 업무를 수행하기 위해서는, 우리가 8장에서 언급했던 것과 같은 기반 위에 원로원이 설립되어야 한다. 이 국가의 원로원은 도시들 사이에 일어나는 분쟁을 해결할 권력을 가진다는 것 외에, 이 국가의 원로원과 이전에 언급한 원로원 사이에는 어떤 차이점도 없다. 특정 도시를 수도로 갖고 있지 않은 국가에서, 최고 의회는 이러한 문제를 해결할 수 없기 때문이다(6장 38절을 참조하라).

6. 그러나 이러한 국가에서, 국가 자체의 형태를 바꿀 필요가 있다거나 원로원이 스스로 불공정하다고 생각하는 심각한 일이 있지 않으면, 최고 의회는 모든 사람들을 소집하지 않는다. 그러므로 모든 귀족들이 의회에 소집되는 일은 거의 잘 일어나지 않는다. 우리가 말했던 것처럼(8장 17절), 최고 의회의 기능은 법을 제정하거나 폐지하는 것과 국가의 각료들을 선출하는 것이기 때문이다. 법이나 국가 전체의 보편적인 구조는 일단 제정되면 바뀔 수 없다. 그러나 시기와 상황이 새로운 법의 제정이나 기존의 법의 변화를 요구하면, 이 문제는 우선 원로원에서 논의해야 한다. 다음으로, 그에 대한 원로

원의 동의 후에 원로원 자체에 의해서 도시들에 사절단을 보내서 각각의 도시의 귀족들에게 원로원의 의견을 통지해야 한다. 그리고 마지막으로, 도시들의 과반수가 그 의견에 동의하면 좋은 것으로 받아들이고, 그렇지 않으면 어떠한 영향도 끼치지 못한다.

전쟁을 하거나 평화협정을 하는 법령에 대해서와 마찬가지로, 군대의 장관이나 다른 국가에 보내는 대사를 선출하는 데 있어서도 같은 절차를 준수해야 한다. 그러나 다른 공직들을 선출하는 데 있어서, 가능한 한 각각의 도시들은 독립적이고 힘을 많이 갖고 있는 만큼, 국가에서 다른 도시들보다 더 많은 권리를 갖고 있기 때문에(4절에서 보았던 것처럼), 필연적으로 다음의 질서를 준수해야 한다. 원로원 의원들은 각 도시의 귀족들에 의해서 선출되어야 한다. 즉 한 도시의 귀족들은 자신들의 의회에서 자신들의 도시의 동료로부터 일정한 수의 원로원 의원들을 선출한다. 원로원 의원의 수는 그 도시의 귀족들의 수와 1대12 정도의 비율을 이루어야 한다(8장 30절). 그리고 원로원 의원들은 첫 번째, 두 번째, 세 번째 등등의 부서로 나누어져서 임명 된다; 같은 방법으로 다른 도시의 귀족들은 다소간의 원로원 의원들 — 그들의 비율에 맞는 수로 — 을 선출하며, 원로원의 부서를 나눈 수에 따라 그들을 그 부서에 배치한다(8장 34절).

이러한 방법으로, 각각의 도시의 원로원 의원들이 원로원의 모든 부서에 들어갈 수 있다. 도시의 규모에 따라 그 수는 많거나 적을 수 있다. 그러나 각 부서의 의장과 부의장은, 도시들의 숫자보다 적을 수밖에 없는데, 먼저 임명된 집정관으로 구성된 원로원에 의해서 추첨으로 선출된다. 국가의 최고 재판관을 임명하는 데 있어서도, 같은 절차를 유지해야 한다. 즉 각 도시의 귀족들은 그들의 동료로부터 그들의 비율에 맞게 다소간의 재판관을 선출한다. 그러므로 관직을 선출하는 데 있어서 모든 도시들은, 가능한 한 독립적이어야 하며, 각 도시들은 힘의 비율에 따라서, 원로원과 법정에서 더 많은 권리를 가질 수 있다. 이것은, 공공의 업무를 결정하고 분쟁을 해결하는 데 있어서 원로원과 법정이 준수하는 질서는, 모든 면에서 우리가 8장 33절과 34절에서 언급한 것과 같다는 것을 전제로 한다.[1]

7. 다음으로, 대대의 사령관과 군대의 호민관도 귀족들로부터 선출되어야 한다. 각각의 도시들이, 국가 전체의 공통의 안전을 위해서 도시의 규모에 따른 비율에 맞게 일정 수의 군인들을 소집해야 할 의무를 갖는 것은 공평한 일이다. 각각의

---

[1] 그러나 본문에서는 37절까지 법정에 관한 언급이 없으며 8장 37절 이후에서야 나온다.

도시의 귀족들로부터 그들이 유지해야 하는 연대의 수에 맞는 비율에 따라, 그들이 국가를 위해서 소집한 군인들을 훈육하는 데 필요한 만큼 많은 수의 호민관이나 참모, 기수 등을 임명하는 것도 공평한 일이다.

8. 어떤 세금도 원로원에 의해서 신민들에게 부과되어서는 안 된다. 원로원의 법령에 의해서 공공의 업무를 수행하는 데 필요한 경비를 충당하기 위해서, 신민들이 아니라 도시들 스스로가 원로원에 의해서 과세를 요구받는다. 그러므로 각각의 도시들은, 도시의 규모에 따른 비율에 맞게 많거나 혹은 적게 할당금을 지불해야 한다. 이 할당금은 각각의 도시의 귀족들이 각 도시의 거주자들에게서 징수해야 한다. 강제적으로 세금을 징수하건, 세금을 부과하던 간에 그들에게 좋은 방법으로 하면 된다. 후자가 더 공정한 것이라고 생각되지만 말이다.

9. 더욱이, 이러한 국가의 모든 도시들이 항구도시가 아니며 원로원 의원들이 항구도시로부터만 소집되는 것이 아니더라도, 우리가 8장 31절에서 이야기했던 것처럼, 원로원 의원들에게 같은 보수가 지급되어야 한다. 이러한 목적을 위해서, 도시들을 다른 도시들과 더욱 밀접하게 연결시킬 수 있도록

국가의 조직을 다양하게 하는 방안을 제안하는 것이 가능하다. 그러나 내가 8장에서 언급한 원로원과 법정과 일반적으로 국가 전체에 관한 다른 점들은, 이러한 국가에도 여전히 적용된다. 우리가 보았던 것처럼, 여러 도시들이 통치권을 장악하고 있는 국가에서는, 최고 의회의 모임을 갖기 위해서 일정한 시기나 장소를 정할 필요가 없다. 그러나 원로원이나 법정을 위해서는 일정한 장소가, 한 마을이나 투표권을 갖고 있지 않는 한 도시에 정해져야 한다. 이제 각각의 도시들에 대한 것들을 이야기하고자 한다.

10. 국가와 도시의 관직을 선출하고 법령을 제정하는 데 있어서, 한 도시의 최고 의회에 의해서 준수된 질서는, 내가 8장 27절과 36절에서 이야기했던 것과 동일하다. 이 국가의 정책도 거기서 언급했던 것과 동일하기 때문이다. 다음으로, 특별 평의원의 의회가 구성되고 그것은 그 도시의 의회에 종속된다. 8장에서 언급된 특별 평의원의 의회가 국가 전체의 의회와 갖고 있는 관계는, 여기서 특별 평의원 의회와 도시의 의회와의 관계에 동일하게 적용된다. 또한 도시의 경계 내에서 특별 평의원 의회의 기능도 동일하며 보수도 동일하다.

그러나 어떤 도시가, 결과적으로 그 도시의 귀족들의 수가 너무 적어서 1~2명 이상의 특별 평의원이 나올 수 없다면, 그 도시의 최고 의회는 쟁점이 되는 문제에 따라서 재판 시에 특별 평의원을 도와줄 수 있는 재판관을 임명하거나 그 분쟁을 특별 평의원의 최고 의회에 회부해야 한다. 2명은 의회를 구성하는 데 충분하지 못하기 때문이다. 각각의 도시들에서 특별 평의원으로 구성된 일부의 사람들은 국가 전체의 구조가 깨지지 않고 보존되는 것을 감독하기 위해서 원로원이 있는 곳으로 보내지며 그들은 투표권 없이 원로원에 참석한다.

11. 이와 같이 도시의 귀족들은 각 도시의 집정관을 선출해야 하며 이들은 그 도시를 위해서 일종의 원로원 역할을 한다. 내가 그들의 수를 결정할 수 없으며 그럴 필요도 없다고 생각한다. 매우 중요한 도시의 업무는 최고 의회에서 행해지며 국가 전체에 관계된 문제들은 대원로원에 의해서 행해지기 때문이다. 그러나 만약 그들의 수가 적다면, 큰 의회처럼 비밀투표를 할 것이 아니라, 그들의 의회에서는 공개적으로 투표할 필요가 있다. 소규모 의회에서 비밀투표를 한다면, 다소 특별한 교활함으로 어떤 사람이 모든 투표의 내용을 쉽게 간파할 수 있으며, 그러한 방법으로 조심성 없는 사람을 속일 수 있기 때문이다.

12. 그 외에, 각각의 도시에서 재판관들은 그 도시의 최고 의회에서 임명된다. 그들의 판결에 대해서, 공개적으로 유죄 판결을 받은 범죄자나 스스로 인정한 채무자를 제외하고, 모든 사람들은 국가의 최고 법정에 항소할 권리가 있다. 이것을 더 이상 언급할 필요는 없다.

13. 독립적이지 않은 도시들에 대해서 말할 순서이다. 만약 독립적이지 않은 도시들이 이 국가의 실제적 주(州)나 행정구역에서 발견되고 그 도시의 거주자들이 같은 종족이며 같은 언어를 사용한다면, 이 도시들은 이웃도시들의 일부로, 즉 그 국가의 관할구역으로 간주되어야 한다. 그러므로 독립적이지 않은 각각의 도시들은 이 도시나 저 도시나, 독립적인 도시들의 통치를 받아야 한다. 귀족들은 국가의 최고 의회가 아니라 각각의 도시의 최고 의회에서 선출되며, 그들의 사법권이 효력을 미치는 경계 안에 있는 주민들의 수에 따라서, 각각의 도시들에서 그들의 수는 많거나 적을 수 있기 때문이다(5절).

독립적이지 않은 도시의 다중은 독립적인 다른 도시의 인구조사에 위탁되며 독립적인 도시의 통치에 의존한다. 그러나 전쟁의 권리에 의해서 포로가 된 도시들과 국가에 합병된 도시들은 그 국가의 연합체로 간주된다. 정복되었다고 하더라도, 그들에게 은혜를 베풀어 복종하게 해야 한다. 그렇지 않으려면, 식민지로 삼아서 시민권을 누리는 사람들을 그곳으로 보내고, 원주민들은 다른 곳으로 추방하거나 전멸시켜야 한다.

14. 이러한 점들이 이 국가의 기초가 되는 것들이다. 나는 이러한 국가의 상황이, 하나의 도시의 이름만 따서 부르는 귀족정의 상황보다 훨씬 낫다는 결론을 내린다.

> 해설 군주정에서 한 도시의 이름을 따서 부르는 귀족정, 그리고 여러 도시의 이름을 따서 부르는 귀족정으로의 변화는 궁극적으로 힘의 분산을 보여주며, 전체적으로 민주정으로의 이행을 나타내준다.

모든 도시의 귀족들의 권리를 증가시킬 수 있다면, 그들은 인간적인 욕구에 따라 그들의 도시와 그들의 원로원을 지키도록 애쓸 것이라는 사실 때문이다. 그러므로 그들은 가능한 한 다중을 자신들에게로 이끌며, 결론적으로 두려움에 의해서보다 선한 행동에 의해서 국가를 통치하고 자신들의 수를 늘릴 수 있도록 노력할 것이다. 왜냐하면 그들의 수가 많을수록, 그들은 자신들의 의회에서 더 많은 원로원 의원을 선출하며(6절) 그들이 그 국가에서 더 많은 권리를 소유할 수 있기 때문이다(6절).

각각의 도시들이 자신들의 이익을 고려하며 다른 도시들을 의심하는 동안, 종종 그들 사이에 많은 분쟁이 발생하며 분쟁하느라 시간을 낭비한다는 것에는 이의가 없다. 그러나 로마가 싸우는 동안, 사군툼Saguntum이 멸망하기도 하며,2 다른 한편으로, 소수의 사람들이 자신들의 열정만으로 마음을 쏟아 모든 일을 결정하는 동안, 자유와 공공의 선을 잃기도 한다.

> 해설 여러 도시들의 존재 자체가 멸망의 근거가 되는 것은 아니다. 멸망의 원인은 다양하여, 싸움으로 얼룩진 시간을 보낸다고 멸망하는 것도 아니고, 열심히 일을 한다고 해서 멸망하지 않는 것도 아니다. 오히려, 로마가 어려웠던 시기에 그와 상관없이 외부적인 변화가 생기기도 하며, 자신의 일에 몰두하여 한 쪽 면만 생각하는 사이에 자유와 선을 잃기도 하는 모순이 발생한다.

인간의 자연적 능력은 너무 무뎌서 한 번에 모든 것을 간파할 수 없기 때문이다. 그러나 협의하고 청취하고 논의하는 것에 의해서 그들은 더욱 훌륭하게 성장한다. 그리고 그들이 모든 수단을 강구하는 동안, 그들은 마침내 자신들이 원하는 것, 즉 모든 사람이 승인하고 누구도 처음에는 생각할 수 없었던 것을 발견한다.

> 해설 한 사람의 힘보다 여러 사람의 힘이 크다는 스피노자의 논지를

---

2. Livy, "Hist.," BK. xxi. 6장 이후. [발렌시아시 북동쪽 페냐스테파하리토 기슭의 팔란시아 강 서안에 있는 곳으로, 그리스 이주민들이 세운 도시이다. 카르타고의 공격을 막기 위해서, 기원전 225년 로마는 사군툼과 동맹을 맺어 사군툼의 독립을 보장하고 그들이 로마를 침략할 수 없도록 하였다. 그러나 기원전 219년 사군툼은 한니발에게 점령당했으며 로마와 카르타고의 제2차 포에니전쟁이 시작되었다. 기원전 214년에 로마가 사군툼을 탈환하여 이전의 모습으로 회복시켰다. -옮긴이]

반영하는 것인 듯하다.

네덜란드 사람들의 국가는 백작이나 그를 대신할 사람이 없었다면 그렇게 오랫동안 견디지 못했을 것이라고 누군가 반박한다면, 다음과 같이 답할 수 있다 : 네덜란드 사람들은, 자신들의 자유를 유지하기 위해서 그들의 백작을 포기하고 그들의 국가의 목을 참수하는 것으로 충분하다고 생각했으며 국가를 개조할 생각을 하지 않았기 때문에, 국가가 처음 설립되었을 당시의 사지四肢를 남겨두었다. 그러므로 네덜란드의 주州는 목 없는 몸과 같이 백작 없이 존속했고 실제적인 국가는 무엇이라 이름 붙일 수 없는 상태로 지속되었다.

해설 1565년 '공화파의 반란' 이래로, 네덜란드는 끊이지 않는 전쟁의 상황에 시달려야 했다. 이 때 경쟁적인 두 집단이 서로 다른 정책들로 대립하였다. 두 집단은, 전통적으로 군대 지휘권과 총독의 행정권을 부여받은 귀족 출신인 오라녜-나사우 가문과 도시행정권 및 지방 재정관들/재상들에게 위임되는 공적 금융의 관리권을 부여받은 정무관들이었다. 1610년 이후 오라녜 가(家)는 칼뱅주의 교회들의 보호자로 자처하며 정무관파를 지속적으로 압박했으며, 1619년의 반역을 빌미로 오라녜 가가 주도권을 쥐게 되었다. 그리고 독립이 확정된 직후인 1650~64년에 국가를 군주제 쪽으로 몰고 가려던 오라녜 가가 실세하고 정무관파의 주요 지도자인 요한 데 비트(Johan de Witt)가 재상이 되어 권력을 장악하고 총독제를 폐지시켰다. 그러나 1660년대부터 오라녜 가가 다시 득세하여 요한 데 비트와 그의 동생은 군중들에 의해서 처형되었다. 요한 데 비트가 득세한 20여년을 '총독 없는 공화국'이라고 부르는데, 스피노자가 여기서 언급하는 사지만 남은 국가란 이 상황은 의미한다. 요한 데 비트와 정치적 입장을 같이했던 스피노자에게 그의 죽음은 굉장한 충격이었다.

네덜란드 신민들의 대부분이 국가의 권력이 누구에게 있는지 알지 못했다는 것은 놀랄 일이 아니다. 그렇지 않았더라도, 실제적으로 통치권을 장악한 사람들은 매우 소수여서, 그들은 다중을 통치할 수 없었고 그들의 강력한 적대자들을 억누를 수도 없었다. 그러므로 적대자들은 종종 어떤 방해도 받지 않고 통치자들에 대해서 음모를 꾸미고 결국은 그들을 타도하기도 했다. 그러므로 이 국가의 갑작스러운 전복은[3] 논쟁에 불필요한 시간을 낭비했기 때문이 아니라 잘못 만들어진 국가의 상태와 소수의 통치자 때문이었다.

15. 여러 도시들이 통치권을 장악하고 있는 귀족정은 다른 귀족정보다 더 바람직하다. 왜냐하면 처음에 묘사했던 것처럼, 국가 전체의 최고 의회가 갑작스러운 공격으로 압도당할 것에 대비할 필요가 없기 때문이다. 그러한 위험이 없는 것은, 최고 의회의 모임을 위해서 시기나 장소가 정해져 있지 않기 때문이다(9절). 더욱이 이러한 국가에서는 강력한 시민들을 두려

---

3. A. D. 1672. William Henry, 오라녜 가의 왕자로서, 영국의 윌리엄 3세 이후에, 프랑스 침입의 결과로 발생한 서민의 반란에 의해서 스태홀더를 만들었다.

위할 필요가 없다. 여러 도시들이 자유를 누리고 있는 상황에서, 국가에 대하여 통치권을 준비하고 있는 사람이, 다른 도시들에 대한 통치권을 장악하기 위해서 하나의 도시를 확보하는 것은 충분하지 않기 때문이다. 마지막으로, 이러한 국가에서 더 많은 사람이 자유를 누릴 수 있다. 하나의 도시만이 통치하는 상황에서는, 통치하는 도시에 필요할 때에만, 다른 도시의 이익이 고려되기 때문이다.

10

귀족정에 대하여(3)

1. 두 종류의 귀족정의 기초들을 설명하고 입증했는데, 이제는 이 국가들이 어떤 잘못된 원인에 의해서 붕괴되거나 또는 다른 형태의 국가로 바뀔 수 있는지 하는 점을 알아볼 차례이다. 이러한 종류의 국가가 붕괴되는 중요한 이유는, 명석한 플로렌스 사람이[1] 그의 "리비우스에 대한 담화"(3장 1절)에서 관찰한 것과 같다. 즉 인간의 몸과 같이, "국가에는 언젠가 치료해야 할 필요가 있는 무엇인가가 매일같이 생겨난다."

---

1. 마키아벨리를 지칭하는 것이다.

그러므로 그는, 국가에 수시로 일어나는 이러저러 한 일들 때문에 처음에 국가가 설립되어진 첫 번째 원칙으로 국가를 되돌릴 필요가 있다고 말한다. 만약 이런 일이 적절한 시기에 발생하지 않는다면, 국가의 결점들은, 국가가 멸망하지 않으면 제거될 수 없을 때까지 증가할 것이다. 그는, 이러한 회복이 우연히 일어나거나 혹은 법이나 특별한 덕을 가진 사람의 구상과 계획에 의해서 일어난다고 말한다.

> 해설 시간이 지나면서 여러 가지 이유들 때문에 국가의 본래의 목적이 제대로 이루어지지 않는 것은 이상한 일이 아니다. 그것은 마치 나이가 들면서 몸의 기능이 쇠퇴하거나 이상이 생기는 것과 같은 이치이다. 중요한 것은 그것을 치유할 능력이 있느냐 없느냐 하는 것이다. 스피노자는 마키아벨리의 말을 인용하면서, 변화되는 상황 속에서 본래의 기능을 회복할 수 있는 국가의 능력을 강조한다.

이러한 문제가 매우 중요하다는 것은 의심의 여지가 없다. 그리고 이러한 부정적인 문제들에 대해서 어떤 준비도 되어있지 않는 상황이라면, 국가는 자체의 뛰어난 능력이 아니라 천운에 의지해야 한다는 점에도 의심의 여지가 없다. 다른 한편으로, 이러한 결점들에 대해서 적절한 치료가 이루어졌던 상황에서, 국가가 불가피한 운명 외에 자신의 잘못으로 멸망하는 것은 불가능하다.

> 해설 운에 의해서 국가의 흥망성쇠가 좌우된다면, 그것은 좋은 국가라 할 수 없다. 좋은 국가는 국가의 체제를 통해서 국가의 안정을 꾀할 수 있는 능력을 갖추어야 한다. 이러한 능력을 갖추었음에도

불구하고 국가가 멸망한다면 그것은 국가의 운명이며 국가의 책임이라 할 수 없다.

이에 대해서 이제 더욱 분명하게 살펴보고자 한다. 이러한 국가의 결점들이 일으킨 문제에 대해서 첫 번째 대책은, 최고 실권자를 5년마다 한 달이나 두 달의 임기로 임명하는 것이었다.

> 해설 두 종류의 귀족정을 다루면서 문제로 제기된 것은, 권력의 창출 과정들과 권력의 운영기준들을 다중의 구성적 동력이라는 관점에서 어떻게 평가할 것인가 하는 점이다. 이 부분에서 절대통치와 다중의 관계가 이전의 논의와 어긋나 보이기 때문이다. A. 네그리는 『전복적 스피노자』에서, 이 부분에서 절대권력과 다중의 관계에 대한 형이상학적 역할과 분석적이고 경험적으로 제시된 내용이 잘 들어맞지 않는다는 점을 지적하며 이론과 현실의 연결은 오직 민주정에서만 균형이 잡힌다고 주장한다. 이것은 귀족정에서 다중의 역할이 중요하면서도 다중보다 귀족에게 우선권을 주는 것에 기인한다.

최고 실권자는 원로원 의원들과 모든 공직자들의 행위에 관하여 조사하고 판단하고 법령을 만들며 이로써 국가를 그것의 첫 번째 원칙으로 되돌릴 수 있는 권리를 가진다. 국가가 책임을 져야 할 부정적인 문제들을 피하는 방법을 연구하는 사람들은, 국가의 특성에 적합하며 국가의 기초로부터 가져올 수 있는 대책을 만들어야 한다. 그렇지 않으면, 카리브디스[바다의 소용돌이가 괴물로 의인화된 것-옮긴이]를 피하려다 스킬라[선원들을 잡아먹던 6두 12족의 여자괴물-옮긴이]

에 잡히고 만다.

> 해설 우리 속담에 있는 '여우 피하려다 곰 만나다'의 의미이다. 잘못된 해결책은 오히려 더 많은 피해를 양산할 뿐이다. 그러므로 자신들의 국가의 목적이 무엇이었는지, 국가의 특성이 어디에 있었는지를 정확하게 파악하고 그에 따른 방책들을 적절하게 적용하는 것이 중요하다.

통치 받는 사람이나 통치자나 모두가, 잘못을 행하고 벌을 받지 않거나 심지어 칭찬을 받는 일이 일어나지 않도록, 형벌이나 손해에 대한 두려움으로 그들의 행동이 제제 되어야 한다는 것은 틀림없는 사실이다. 그러나 다른 한편으로, 만약 이러한 두려움이 선한 사람이나 악한 사람에게 똑같이 일반적으로 적용된다면, 국가가 극도의 위험에 처해질 것이라는 것은 확실하다.

> 해설 권력은 사람들에게 두려움과 공포를 불러일으키데, 그것이 무차별적으로 모든 사람들에게 적용되어서 신민이 두려움 때문에 국가에 복종하는 결과를 초래한다면, 그러한 상황은 국가의 위기이다. 그러한 두려움과 공포는 분노로 이어지며 국가에 대한 폭력을 불러올 것이기 때문이다. 그러므로 국가를 안정시키는 정당한 공포란 악을 행하는 자에게만 적용될 수 있는 것이다. 좋은 국가에서는 선을 행하는 사람이 두려움이 아니라 신민의 자유 속에서 국가에 복종한다.

그러므로 이제, 최고 실권자의 권력이 절대적인 한, 그는 모든 사람들에게 공포의 대상이 된다. 특히 정해진 시기에 불가피하게 임명된다면 더욱 그렇다. 그러한 경우에, 야망 있는 모든 사람들은 온갖 능력을 동원하여 이 관직을 차지하려 하기 때문이다. 평화 시에는 덕이 재물보다 덜 중요하다고 생각하는 것이 분명하다. 그가 오만하면 할수록, 더욱 쉽게 관직에 오르기 때문이다. 아마도 이것이, 우연한 기회에 필요성이 제기되지 않는다면, 로마인들이 정해진 시기에 최고 실권자를 뽑지 않았던 이유이다. "최고 실권자의 오만은 선한 사람들에게 불쾌한 것이었다"[2]는 키케로의 말을 인용하는 것으로 충분하다.

최고 실권자의 이러한 권력은 매우 절대적인 만큼, 짧은 임기라 할지라도, 국가에 대해서 커다란 위험을 가하며 국가를 군주정으로 바꿀 수 있는 가능성이 확실히 있다. 더욱이, 최고 실권자를 임명하기 위한 확정된 시기가 정해져있지 않다면, 최고 실권자와 다음의 최고 실권자 사이의 공백기간 ― 우리가 매우 주목해야 한다고 말했던 바로 그것 ― 에 관심을 기울이지 않는 상황이 발생한다. 이로 인해 전반적인 상황은 극도로 혼란스러워지며 모든 일들이 쉽게 방치된다. 그러므로 최고 실권자의 이러한 권력이 영원하고 견고한 것이 아니며 국가의 형태를 파괴하지 않는 한 최고 실권자의 권리 자체를 한 사람에게 맡기는 것이 불가능하다면, 결과적으로 국가의 안전과

---

2. Cic. ad Quint. Grat. iii. 8, 4. 더 나은 독본(讀本)은 "rumour"가 아니라 "tumour"이다. 이 문장에서 "선한 사람들"은 귀족당을 의미한다.

보존은 매우 불확실해진다.

2. 그러나 한편으로, 국가의 형태를 파괴하지 않고 최고 실권자의 무력(武力)이 영구해지며 그것이 악한 사람들에게만 공포의 대상이 된다고 하자. 그러면, 국가의 문제를 해결하거나 바로잡을 수 없는 지경까지는 이르지 않을 것이라는 점은 의심의 여지가 없다(6장 3절). 그러므로 이 모든 상황들을 안전하게 하기 위해서, 최고 실권자의 무력(武力)을 한 개인의 권한이 아니라 한 시민의 권한에 영구히 속하도록 했다. 시민들의 수는 매우 많기 때문에 그들 사이에서 국가를 나눌 수 없으며(9장 1, 2절) 어떤 사악함을 결합시키는 것도 불가능하기 때문이다.

우리는 특별 평의원의 의회를 최고 의회에 종속시킬 것을 언급했다. 특별 평의원들에 대해서 덧붙일 수 있는 것은, 그들이 국가의 어떤 다른 관직을 담당하는 것을 금한다는 것, 그들은 군인의 회계 담당원이 아니라는 것, 마지막으로, 그들은 새롭고 위험한 일보다 실제적인 안전을 선호할 나이에 이르러야 한다는 것 등이다. 그러므로 국가는 그들로 인한 어떤 위험에 처하지 않게 된다. 결과적으로 그들은 선한 사람들에게 공포의 대상이 될 수 없으며 실제 그렇게 되지도 않을 것이다. 그들은 오직 악한 사람들에게만 공포의 대상이 될 수 있다.

그들이 범죄를 계획할 힘이 없는 한, 그들은 악덕을 더욱 잘 억제할 수 있기 때문이다. 그들이 악덕의 초기에 그것을 막을 수 있다(그 의회가 영원히 지속하기 때문에)는 것을 언급하지 않더라도, 그들의 수가 충분히 많기 때문에 이러저러한 유력가들의 적의를 두려워하지 않고 그들을 고소하고 그들에 대해서 선고를 내릴 수 있다. 특히 그들이 비밀투표를 하는 한, 판결은 의회 전체의 이름으로 선언된다.

3. 그러나 로마에서는 일반 사람들 중에서 호민관들이 정규적으로 임명되었다.

> 해설 로마에서 호민관은 평민계급 출신 중에서 선출되었다. 호민관은 귀족계급이 쉽게 좌지우지 할 수 있는 민회가 아니라 따로 구성된 평민집회에서 선출되었으며, 집정관이 내린 결정에 거부권을 행사할 수 있는 권리가 주어졌다. 표면적으로는 이러한 호민관 제도는 평민의 권리를 보호해주는 것 같지만, 실제로 이것은 그만큼의 효과를 내지는 못했다. 집정관과 원로원은 평민 전체가 아니라 2명의 호민관만 상대하면 평민의 문제를 해결할 수 있다는 이점을 이용했을 뿐 아니라 호민관의 거부권은 전쟁 시 행사할 수 없었기 때문이다. 그러므로 거의 매해 전쟁에 시달리고 있던 로마에서 그들은 실제적으로 거의 힘을 쓸 수 없었다.

그러나 그들이 너무 약해서 스키피오[3]의 힘을 누를 수 없었다.

---

3. [옮긴이] 푸블리우스 코르넬리우스 스키피오(Publius Cornelius Scipio, 236~183 BC) : 로마 공화국의 군인이자 정치가였다. 로마의 집정관을 지냈으

게다가 공공의 복지를 위한 그들의 계획을 원로원에 제출해야 했다.[4] 원로원 의원들은, 그들이 두려워하지 않는 사람이 일반 사람들의 많은 인기를 얻도록 궁리함으로써 종종 그들을 속여먹었다. 호민관들의 권위는 귀족들에 반하여 일반 사람들의 지지에 의해서 유지되었기 때문에, 그들이 일반 사람들을 소집할 때마다, 의회를 모으기보다는 소요를 일으키는 것으로 보였다. 이러한 부정적인 문제들은, 우리가 8장과 9장에서 언급했던 국가에서는 확실히 존재하지 않는 것이다.

4. 특별 평의원의 이러한 권력은 국가의 형태를 오직 안전하게만 보존할 수 있다. 법이 깨지거나 법을 위반함으로써 누군가가 이익을 얻는 것을 막을 수 있을 것이다. 그러나 법에 의해서 금해질 수 없는 악덕 — 시간이 남아도는 사람들이 빠질 수 있는 악덕이나 국가의 멸망에 늘 따라다니는 악덕 — 의 확산을 막기에는 결코 충분하지 않다. 사람들은 평화 시에 두려움을 떨쳐버리며, 점차로 거친 야만인에서 문명인 혹은 인간으로, 그리고 인간에서 나태하고 태만한 사람으로 변한다. 그리

며 제2차 포에니전쟁 때 한니발을 무찌른 것으로 유명하다.
4. B.C. 287 이전과 술라(Sulla)의 독재권과 폼페이와 크라수스의 집정권 사이의 기간을 제외하면 법에 의해 통치되지 않았다. 그러나 공화국의 황금기에 원로원은 사실상 집정관을 지배하였다.

고 덕이 아니라 과시와 사치로 다른 사람들을 능가하려고 한다. 그러므로 그들은 자신들의 고유한 풍습에 진저리치고 외국의 풍습을 모방하기 시작한다. 즉 노예가 되는 것이다.

5. 이러한 악덕을 피하기 위해서, 많은 사람들은 사치금지법을 제정하려고 한다. 그러나 이것은 헛된 일이다. 다른 사람에게 피해를 주지 않고 깨질 수 있는 모든 법은 웃음거리만 될 뿐이며 사람들의 욕구와 욕망을 억제하는 것과는 거리가 있으며 오히려 그것들을 자극할 뿐이기 때문이다.

> 해설 법이란 불법에 대한 징계와 불이익을 전제로 한다. 불법이 다른 이들에게 해를 끼치는 결과를 초래하기 때문이다. 그러므로 잘못한 사람에게 징계를 가하지 않는 법이란 법으로서의 역할을 충분히 하지 못하는 것이다. 어떤 법이 위반된다면, 그 법을 위반하는 사람에게 불이익을 주어야 한다. 그런데, 누군가가 법을 위반하는데 그 위반이 누구에게도 불이익을 주지 않고, 그로 인해서 누구도 처벌할 수 없다면, 애초에 그 법의 효용성은 없는 것이라 할 수 있다. 예를 들면, 사치금지법이라는 것이 이와 같은 것이므로, 스피노자는 이와 같은 것은 불법을 막을 힘이 없다고 생각한다.

"우리는 금지된 열매를 갈망하며 거부된 것을 욕구한다."[5] 게으른 사람들이, 절대적으로 금지될 수 없는 일 — 연회, 게임, 장식 등과 같이 과도했을 때만 악덕이 되는 것 — 을 다루기 위해

---

5. Ovid, "Amores," III. 4장 17절.

서 제정되는 법을 속일 능력이 없는 것은 아니다. 이것은 개인이 소유한 부의 정도에 따라 판단될 수 있는 것이며 어떤 일반적인 법에 의해서 결정될 수 있는 것이 아니다.

6. 그러므로 나는, 우리가 여기서 이야기하는 평화 시의 일반적인 악덕은 직접적이 아니라 간접적으로 금해야 한다는 결론을 내린다. 국가의 이러한 기초를 통해서, 대부분의 사람들이 현명하게 살기를 원한다고 말할 수 없지만(그것은 불가능하다), 그들이 국가에 이익이 되는 여러 정념들을 따른다고 말할 수 있다. 그러므로 살펴 본대로 가장 중요한 점은, 절약하지 않는다면 그 부자는 탐욕스럽게 될 수 있다는 것이다. 일반적이며 지속적인 탐욕의 이러한 정념이 영예에 대한 욕구로 촉진된다면, 대부분의 사람들은 명예를 얻기 위해서 극도의 악평을 피하는 반면, 체면을 손상하지 않고 재산을 증가시키는 데 온갖 노력을 다할 것이다.

> 해설 스피노자가 강조하는바, 정념의 전환이란 이러한 것을 의미한다. 스피노자는 인간은 정념을 근원에서부터 제거할 수 없기 때문에, 욕망을 제거하는 것이 아니라 욕망을 전환시키는 것이기 중요하다는 점을 지적한다.

우리가 8장과 9장에서 설명했던 두 종류의 귀족정의 기초를 검토한다면, 우리는 그로부터, 바로 이러한 결론이 나온다는 것을 알 수 있다. 두 국가에는 통치자들의 수가 많기 때문에, 부자들의 대부분은 그들에게 개방된 국가의 통치와 관직에 접근할 수 있을 것이다.

7. 만약 파산한 귀족들은 귀족의 직급에서 면직된다는 것과 불운으로 자신의 재산을 잃은 사람들은 이전의 상태를 회복할 수 있다는 것을 법으로 제정한다면(8장 47절에서 언급했던 것처럼), 모든 사람들이 자신들의 재산을 지키기 위해서 최선을 다할 것이라는 점은 의심의 여지가 없다. 더욱이, 만약 귀족들과 관직의 후보들이 특별한 복장으로 구분되어야 한다는 것을 법으로 정한다면(8장 25절과 47절을 참조하라), 그들은 외국의 복장을 흉내내지 않을 것이며 자국의 것들을 경멸하지 않을 것이다. 이 외에, 그 국가의 상황의 특징과 시민의 기풍에 적절한 다른 방안들이 모든 국가 안에서 제안될 것이다. 그리고 무엇보다도 신민들이 법의 압력 아래서보다 자발적으로 그들의 의무를 수행하는 것이 연구될 것이다.

8. 두려움만으로 인도되는 국가는, 악덕으로부터는 자유로울 수 있지만 덕을 갖고 있지는 못할 것이다.

> 해설 스피노자에게 있어서 가장 궁극적인 것은 '덕'의 문제라고 할 수 있다. 덕은 절대적인 것으로 국가의 정도를 가늠하는 기준이다. 스피노자에게 전적으로 절대적인 것은 집단적인 덕, 즉 민주주의라 할 수 있다. 덕을 강조하는 스피노자가 자신의 책을 민주정으로 끝고

가는 것은 이 때문이다. 그는 국가가 힘과 덕의 역학에 따라서 행해진다면, 그리고 정치체제들이 이러한 요소들에 의해서 규정되는 형이상학적 급진성을 기반으로 해석된다면 민주주의는 정치적 사회화의 가장 완전한 형태이며 집단적 덕의 소산이자 그 형상이 될 것이라고 본다.

그러나 사람들은 누군가에게 이끌려서 행동하지 않고, 자신들의 자유로운 결정에 따라 자신의 마음대로 생각하고 행동한다. 그러므로 자유를 사랑하고 그들의 재산을 증대시키려고 하고 국가의 명예를 얻으려고 하는 것에 의해서만, 그들은 통제된다. 동상銅像, 개선식, 그리고 덕을 고무하는 다른 미끼들은 자유보다 예속의 상징이다. 덕에 대한 보상은 노예에게 주어지는 것이지 자유인에게 주어지는 것이 아니기 때문이다.

해설 덕은 자유인의 궁극성을 나타내는 것으로, 어떠한 보상을 목표로 하지 않는다. 그러므로 보상을 바라며 덕을 행하는 것은 자유상태가 아니라 노예상태를 드러내는 것이라 할 수 있다.

물론 나는, 사람들이 이러한 미끼들에 의해서 매우 강하게 고무된다는 것을 인정한다. 그러나 우선 이 미끼들은 위대한 사람들에게 주어진 후에는, 시기猜忌를 불러일으키면서, 비겁한 사람들과 자신들의 재산을 늘림으로써 우쭐해진 사람들에게 주어진다. 그리고 결국 모든 선한 사람들의 커다란 분노를 자아낸다. 두 번째로, 그들의 조상들의 동상이나 개선식을 자랑하는 사람들은, 그것들이 다른 것들보다 더 사랑 받지 못하면, 부당한 대우를 받는다고 생각한다.

> 해설 권력이 지향하는 오만함이라는 인간의 본성은 덕에 대한 보상을 노예화로 변질시킬 수 있는 가능성을 내포한다.

마지막으로, 다른 결점은 언급하지 않더라도, 공공의 법이 자신의 덕으로 유명해진 어떤 사람에게 특별한 명예를 수여하는 그 때로부터, 동등성은 유지될 수 없다는 것이 분명하다. 동등성이 일단 없어지면 공공의 자유는 상실된다

9. 이러한 전제 하에, 이제 이러한 종류의 국가가 어떠한 내적인 문제를 원인으로 해서 멸망할 수 있는지를 알아보도록 하겠다. 만약 어떤 국가가 영속할 수 있다면, 일단 국가의 법이 바르게 제정되고 그것이 깨어지지 않고 존속해야 한다는 것은 당연한 것이다. 법은 국가의 영혼이기 때문이다. 그러므로 법이 보존된다면, 국가도 보존된다. 그러나 이성과 인간의 보편적인 정념이 법을 지키지 못한다면, 법은 손상되지 않고 남아있을 수는 없다. 그렇지 않고 만약 법이 이성의 도움에만 의지한다면, 그것은 확실히 약해지며 쉽게 손상될 수 있다. 두 종류의 귀족정의 근본적인 법은 이성과 인간의 보편적인 정념과 일치한다는 것을 보여주었기 때문에, 우리는 이 국가들은, 어느 국가라도 영원할 것이라고 단언할 수 있다. 즉 불가피한 운명에 의해서가 아니라면, 이 국가들은 내적인 문제가 원인

이 되어 멸망하지 않을 것이다.

10. 앞에서 제시된 국가의 법이 이성과 인간의 보편적인 정념에 의해서 지켜진다고 하더라도, 법이 때때로 파괴된다고 반박할 수 있다. 이따금 더 강한 반대되는 정념에 의해서 굴복되지 않는 정념이란 없기 때문이다. 우리는 죽음에 대한 두려움이 다른 사람의 재산에 대한 욕심으로 제압되는 것을 종종 본다. 또는 고통스러운 두려움 속에서 적으로부터 도망치고 있는 사람들은, 다른 어떤 두려움으로도 멈출 수 없으며, 적의 칼을 피하기 위해서 스스로 강으로 뛰어들거나 불 속으로 들어가기도 한다.

<small>해설 정념은 끊임없이 욕구를 만들어내고 그 욕구들은 또한 끊임없이 확장됨으로써, 인간은 늘 새로운 욕구들로 이끌린다. 이러한 복잡한 욕구의 확장과 끌림이 국가와 법을 위협하는 요소가 되기도 한다.</small>

그러므로 국가가 바르게 관리되고 국가의 법이 잘 만들어진 정도가 어떠하든지 간에, 모든 사람들이 극한 공포에 사로잡히는—때때로 발생하는 것처럼—국가의 극단적인 위기 속에서, 모든 사람들은 미래나 법 따위는 생각하지 못한다. 그리고 그들의 실제적인 두려움이 보여주는 것만을 인정한다. 모든 사람들은 그의 승리로 유명해진 사람에게 향하며, 그를 법으로부터 자유롭게 하며 (가장 나쁜 선례를 제공하며) 그로 하여

금 지속적으로 명령하게 하고, 국가의 모든 업무를 그의 충성심에 위탁한다. 실제로 이것이 로마제국의 멸망의 원인이었다.

그러나 이러한 반박에 답하기 위해서, 우선 바르게 설립된 국가에서 그러한 공포는 정당한 원인이 아니면 일어나지 않는다는 점을 지적하고자 한다. 그러한 공포와 그로 인한 혼란은 인간의 통찰력으로 피할 수 있는 원인에 기인할 수 없다. 다음으로, 우리가 앞에서 언급한 그러한 국가에서, 어떤 개인이 자신의 덕에 대한 평판— 모든 사람들의 관심을 자신에게 향하도록 하는 평판— 으로 스스로를 구별하는 것은 불가능하다는 것을 지적해야 한다(8장 9절과 25절). 그는 다른 많은 사람들의 추종을 받는 수많은 경쟁자들을 가지고 있기 때문이다.

공포 때문에 국가에 일종의 혼란이 일어날 수 있지만, 누구도 법을 벗어날 수 없으며, 다른 후보와 직접적으로 경합하지 않고, 불법적인 군대의 명령으로 누군가의 선출을 선언할 수 없을 것이다.

> 해설 인간본성의 악덕들에 대한 비난이 무익한 것은 인간의 악덕은 인간의 본성적인 문제가 아니라 제도의 운동 자체에 있기 때문이다. 그러므로 국가의 멸망에 관한 것은 언제나 국가와 개인 간의 상호관계 속에서 파악되어야 한다.

그러므로 분쟁이 발생한다면, 이를 해결할 목적으로, 모든 사람들을 위해서 제정되었으며 모든 사람들에 의해서 승인된 법에 대한 의지를 갖는 것과 기존의 법에 따라 국가의 업무를 지시하는 것이 필요하다. 나는, 한 도시만 통치권을 장악하고 있는 귀족정과 마찬가지로 특히 여러 도시가 통치권을 장악하고 있는 귀족정도 영원하다는 것을 전적으로 주장한다. 즉 어떤 내적인 원인으로도 붕괴되거나 다른 형태로 바뀌지 않을 것이다.

11

민주정에 대하여

1. 마침내, 세 번째의 국가, 우리가 민주정이라 부르는 완전히 절대적인 국가에 이르렀다. 우리가 말했던 것처럼, 민주정과 귀족정의 차이점은 대체로 다음과 같다: 귀족정에서는 이 사람이나 저 사람이 귀족으로 선출되는 것은 최고 의회의 의지와 자유로운 선택에만 의존하기 때문에, 누구도 투표할 권리나 공공의 관직을 차지할 권리를 태생적으로 가지지 못한다. 그리고 누구도 이러한 권리를 정당하게 요구할 수 없다. 그러나 이러한 것들은 우리가 이제 다루려고 하는 민주정에서는 가능한 일이다. 그 국가의 시민의 부모에게서 태어났거나,

그 국가의 영토에서 태어났거나, 국가에서 보상을 받을 만하거나, 법이 시민권을 그에게 주어야 할 다른 조건들을 이행한 모든 사람들은, 최고 의회에서 투표할 권리와 공공의 관직을 얻을 수 있는 권리를 요구할 수 있다. 이러한 권리는 범죄자나 권리상실자를 제외하고 누구에게도 거부되지 않는다.

> 해설 이곳에서 민주정의 기본적인 요건을 설명하며, 11장은 이에 대한 부연설명으로 채워진다. 민주정에 대한 본격적인 이야기가 시작되는 부분에서 책이 끝나게 되어서 『정치론』이 미완성 작품이라는 평가가 있지만, 『정치론』의 전제가 된 『신학-정치론』과 더불어 『정치론』 전체에서 민주주의에 관한 스피노자의 견해를 충분히 볼 수 있다. E. 발리바르도 『정치론』의 근본적인 것들은 이미 처음에 다 이야기되었기 때문에 이것을 미완성 작품이라고 말할 수 없다고 주장한다.

2. 일정한 연령에 다다른 자들이나, 나이가 허락하는 한에서 장자長子들, 혹은 일정한 금액을 나라에 기부한 사람들만이 최고 의회에서 투표할 권리와 국가적 업무를 담당할 권리를 가진다는 것을 법으로 정했다고 하자. 그러면, 우리가 앞에서 다루었던 귀족정의 최고 의회보다 적은 수의 시민으로 최고 의회가 구성된다고 하더라도, 이러한 종류의 국가는 민주정이라 부를 수 있다. 이러한 국가에서는 국가적 업무를 담당하도록 정해진 시민들이, 최고 의회에 의해서 가장 훌륭한 사람으로 선출되지 않고 법으로 그것이 결정되기 때문이다.

이러한 이유 때문에, 가장 훌륭한 사람이 아니라 우연히 부자가 된 사람들이나 가장 일찍 태어난 사람들이 통치하도록 정해진 이러한 종류의 국가는, 귀족정보다 열등하다고 생각되어진다. 그러나 우리가 인류의 관습이나 일반적인 상황을 고려한다면, 두 국가의 경우에 결과는 같다. 귀족들은, 부자나 혈연적으로 그들과 관계가 있는 사람이나 친구로 얽혀있는 사람을 가장 훌륭한 사람으로 생각할 것이기 때문이다. 참으로, 귀족들이 자신들의 귀족 동료를 선출하는 데 있어서 모든 편견으로부터 벗어날 수 있고 공공의 복지를 위해서 마음을 다하는 것이 귀족들의 본성이라면, 어떠한 국가도 귀족정과 비교될 수 없을 것이다.

그러나 그러한 것들과는 정반대로 일이 진행된다는 것을 경험 자체가 우리에게 잘 가르쳐준다. 경쟁자가 없어서 귀족들의 의지가 법으로부터 가장 자유로울 수 있었던 과두정치는 무엇보다도 이러한 것을 드러내준다. 그곳에서 귀족들은 가장 훌륭한 사람을 의회로부터 멀리 떨어뜨리고 의회 안에서 자신들의 말을 잘 들을 수 있는 동료들을 찾기 때문에, 이러한 국가에서 일은 훨씬 더 불행한 상태에 치해진다. 왜냐하면 귀족들의 선택이 전적으로 소수의 변덕스러운 의지, 법으로부터 자유롭거나 법에 의해서 아무런 제약을 받지 않는 의지에 의존하기 때문이다. 이제, 나의 주제로 돌아가도록 하자.

해설 귀족과 다중의 본성적 차이를 두지 않는 스피노자의 인간본성에 대한 이해가 다시 한 번 강조된다.

3. 2절에서 언급한 것으로부터, 우리가 여러 종류의 민주정을 생각할 수 있다는 것이 분명해졌다. 그러나 나의 목적은 여러 종류의 민주정을 다루려는 것이 아니라, 한 종류의 국가 즉, "그 나라의 법에만 충성할 의무를 갖고 있으며 더욱 독립적이고 훌륭한 삶을 영위하는 모든 사람들이, 예외 없이 최고의회에서 투표할 권리와 국가의 관직을 담당할 권리를 갖는 국가"를 다루는 것이다.

내가 "그 나라의 법에만 충성할 의무를 갖고 있는 사람"이라고 명백하게 말한 것은, 다른 국가의 지배를 받고 있는 외국인을 배제하려는 것이다. 게다가 내가, 국가의 법에 충성하고 있으면서도, "독립적인 사람"을 덧붙인 것은, 남자와 주인의 권력 아래에 있는 여자와 노예, 그리고 부모와 후견인의 권력 아래에 있는 어린아이와 피후견인을 배제하려는 것이다. 마지막으로 "그리고 훌륭한 삶을 영위하고 있는 사람"이라고 한 것은, 무엇보다도 범죄나 수치스러운 방법으로 생계를 꾸려나감으로써 명예를 잃은 사람을 배제하려는 것이다.

4. 아마도 누군가가 다음과 같이 물을 것이다. 여자가 남

자의 권력 아래 있는 것은 본성에 따른 것인가 법령에 따른 것인가? 만약 그것이 단순히 법령에 의한 것이라면, 여자를 통치에서 배제하는 것을 강요할 이유가 없게 된다. 그러나 우리가 경험 자체를 고려한다면, 여자가 남자의 지배 아래 있는 이유는 여자들의 결점 때문이라는 것을 알 수 있다. 남자와 여자가 함께 통치한 경우는 결코 없었기 때문에, 지구상에 남자가 존재했던 곳에서는 어디서나, 남자는 통치하고 여자는 통치를 받았다. 그리고 이러한 방식으로 남자와 여자는 조화를 이루며 살아가는 것을 본다.

> 해설 고대 희랍철학에서와 달리 개인에 대한 이해를 강조하는 근대적 스피노자가, 여자와 남자의 본성적 차이를 강조하는 것은 대단히 남성중심적인 모순이다. 이는 근대가 시작하면서 발견된 '개인'이 아직은 '남성'만을 의미한다는 것을 드러내준다. 남성과 여성에 대한 근본적인 차별에 이의가 제기된 것은 18세기 여성참정권운동으로부터였고 그것의 성공적인 열매는 20세기 중반에 가서야 이루어진다. 마지막 중세인이며 최초의 근대인이라 불리는 스피노자이지만, 여자와 남자에 대한 시대적 이해의 한계를 넘어서지는 못한다.

그러나 다른 한편으로, 옛날에 통치권을 장악했다고 알려져 있는 아마존 사람들은, 그들의 나라에서 남자들을 허용하지 않았고 남자아이가 태어나면 죽이고 여자아이만을 길렀다.[1] 만약 본성적으로 여자가 남자와 동등하며, 주로 인간의

---

1. Justin, *Histories*, ii. 4.

힘과 인간의 권리를 구성하는 마음의 능력과 지적인 능력이 동등하게 주어진다면, 확실히 그렇게도 많은 다양한 민족들 중에서, 남자와 여자가 똑같이 지배하는 국가와, 남자가 여자에 의해 지배받고 여자들의 능력이 남자들의 능력보다 더 많이 사용될 수 있는 국가가 발견되어야 한다. 이러한 경우는 어디서도 나타나지 않기 때문에, 여자가 본성적으로 남자와 동등한 권리를 가질 수 없다는 것을 완전무결하게 주장할 수 있다. 여자는 필연적으로 남자에게 양보해야 하는 존재이기 때문이다.

남자와 여자가 똑같이 통치하는 것이나 더군다나 남자가 여자에게 통치를 받는 것은 일어날 수 없는 일이다. 더욱이 우리가 인간의 정념을 고려한다면, 심각하게 평화를 위협하지 않은 채 남자와 여자가 똑같이 통치할 수 없다는 것을 쉽게 알 수 있다. 실제로 남자들은, 그저 성적인 정념으로 여자들을 사랑하며, 여자들의 뛰어난 아름다움에 걸맞은 정도로만 여자의 영리함과 지혜를 평가하고, 더욱이 자신이 사랑하는 여자가 다른 사람에게 추잡한 추파를 던지는 것을 보면 매우 분개하는 등과 같은 태도를 보이기 때문이다. 이 문제는 이것으로 충분하리라 생각한다.

> 해설 스피노자 당대를 비롯하여 여자에 대한 정당한 이해가 발전되기 전까지, 남자들이 여자들을 어떠한 태도로 대했는지를 잘 드러내주는 대목이다.

스피노자 연보
(1632~1677)

:: 스피노자 연보

1632년 11월 24일 암스테르담에서 출생.
1639년 유태인 학교에서 수강하며 히브리어를 배움. 이때 『탈무드』에 스스로 주석을 달기도 했음.
1642년 갈릴레오 갈릴레이 사망. 홉스의 『시민론』이 출판됨.
1645년 밀턴의 『아레오파기티카』 출판됨.
1650년 오라녜 가 빌렘 2세의 쿠데타 실패. 요한 데 비트는 네덜란드의 재상이 됨.
1651년 홉스의 『리바이어던』이 출판됨.
1652년 예수회 소속 반 덴 엔덴Van den Enden의 강의에 참석하여 공부를 함.
1656년 암스테르담의 유대인 공동체에서 추방당함.
1660년 자신의 생각을 정리하고 체계화할 목적으로 레이덴 근처에 있는 라인 강변의 조용한 마을 레인스뷔르흐로 거처를 옮겨 칩거에 들어감.
1662년 4월부터 『신, 인간, 그리고 인간의 행복에 관한 소고』*Korte Verhandeling van God, de Mensch en deszelfs Welstand*, 『지성 정화론』(1677년 출간)*Tractatus de Emendatione Intellectus*의 저술을 준비함. 이때 데카르트의 『철학의 원리』*Principia Philosophiae*에 대한 기하학적 해석서의 많은 부분과 『기하학적 방식으로 다룬 윤리학』(『윤리학』, 1662~75년 집필, 1677년 출판)*Ethica in Ordine Geometrico Demonstrata* 제1권을 완성함. 원래 이 책은 3부로 계획되었지만 1677년 5부로 구성되어 출간됨.

1663년 가정교사를 하면서 준비한 데카르트의 『철학의 원리』에 대한 해석서가 데카르트주의를 신봉하는 친구들에 의해 『기하학적 방식에 근거한 데카르트의 철학 원리』*Renati des Cartes Principiorum Philosophiae Pars I et II, More Geometrico Demonstratae, per Benedictum de Spinoza*라는 이름으로 출간됨.

1670년 『신학-정치론』*Tractatus Theologico-Politicus*을 암스테르담에서 익명으로 출간. 이 책은 대단한 관심을 불러일으켜 5년에 걸쳐 5쇄를 거듭할 정도였음. 5월에 헤이그로 거처를 옮긴 뒤 죽을 때까지 그곳에 머물렀음. 헤이그에 머물면서 『히브리어 문법 개요』*Compendium Grammatices Linguae Hebraeae*를 쓰기 시작했으나 완성하지 못함.

1672년 8월 20일 요한 데 비트 형제가 거리에서 살해됨.

1673년 하이델베르크 대학 교수 파브리치우스가 교수직을 제안하지만 이를 거절함. 그 후 그는 콩데Condé 공 진영으로부터 초빙받음.

1674년 홀란트 의회에서 『신학-정치론』을 금서로 규정함.

1675년 『기하학적 방식으로 다룬 윤리학』을 출간하려다 포기함. 『정치론』 저술을 시작함. 과학자 겸 철학자 에렌프리트 발터 폰 취른하우스가 스피노자를 방문함.

1676년 라이프니츠가 스피노자를 방문. 헤이그 공회는 『신학-정치론』의 저자를 "탐문"할 것을 요구함.

1677년 2월 21일 폐병을 심하게 앓다 44세로 사망. 이해 말에 출판된 유고집 『유고집』*Opera Posthuma*에는 『기하학적 방식으로 다룬 윤리학』, 『정치론』, 『지성 정화론』과 그 밖의 여러 서한과 히브리어 문법서들이 모두 실렸음.

1687년 『무지개에 관하여』*Stelkonstige reeckening van den regenboog*, 『확률 계산에 관하여』*Reeckening van kanssen* 등이 함께 출판됨. 이후 『신, 인간, 그리고 인간의 행복에 관한 소고』는 1852년 E. 뵈머가 출판하기 전까지는 세상에 전혀 알려지지 않았음.

:: 찾아보기

ㄱ

가톨릭 41, 165
고문관 103, 105, 107, 109, 111~113, 115, 117, 130, 133, 137, 139~142, 145, 149, 156, 165, 172, 173, 212
국가적 업무(respublica) 53, 54, 61, 74, 82, 92, 113, 160, 183, 189, 200, 202, 250
군대 82, 94, 95, 108, 109, 120, 144, 159, 178, 179, 192, 210, 222, 223, 230, 247
군인 135, 138~141, 143~145, 148~150, 159, 177~180, 189, 194, 197, 223, 224, 238, 239
군주정 12, 22, 23, 54, 62, 99, 101~103, 105~108, 112, 123, 125, 127, 129, 134, 147, 150, 153, 155, 156, 161, 167, 169, 171~174, 176, 179, 180, 182, 186, 198, 199, 205, 206, 208, 212, 228, 237
권력(potestas) 11, 13, 14, 20, 22, 33, 34, 38~40, 42, 44, 50, 54, 61~63, 67, 69, 72, 74, 79, 81, 83~86, 93, 98, 100, 103~108, 116, 123, 129, 139~141, 144, 145, 152, 154, 156, 158, 160~162, 164~166, 169~172, 178, 186, 197, 213, 218, 221, 230, 231, 235~237, 240, 245, 252, 253
귀족정 12, 22, 23, 54, 62, 105, 168~170, 172, 174, 176~179, 182, 184, 187, 189, 198, 205~207, 213, 215~218, 228, 231, 233, 235, 242, 245, 248~251
기독교 10, 18, 38, 39, 41, 59, 74, 124

ㄴ

네그리, 안또니오(Negri, Antonio) 7, 14, 32, 97, 108, 235
네덜란드 20, 41, 172, 180, 198, 199, 211, 230, 231, 256
노예상태 57, 97, 128, 132, 150, 244
농민 109, 110

ㄷ

다니엘서 125
다수성 152, 156
다윗(David) 141
다중 12, 22, 25, 28, 52, 53, 57, 62, 68,

71, 83, 86, 88, 93, 96~99, 101, 105, 107, 108, 110, 112, 129, 132, 137, 138, 152~160, 162, 167, 169, 170, 172~174, 176, 178, 181~185, 188, 189, 207, 209, 218, 227, 228, 231, 235, 252

단일성 141, 152

덕 29, 39, 41, 42, 94, 95, 106, 134, 138, 139, 148, 158, 171, 195, 199, 234, 237, 241, 243~245, 247

데카르트, 르네(Descartes, René) 40, 46, 102, 114, 157, 256, 257

도시민 109, 110

돈 페드로(Don Pedro) 164, 165

ㄹ

로고스 18

로마 41, 94, 141, 142, 162, 172, 179, 228, 229, 239, 247

로크, 존(Lock, John) 110

루이 14세(Lewis XIV) 151

르호보암(Rehoboam) 151

ㅁ

마음 25, 28, 29, 46, 58, 59, 64, 95, 112, 130, 136, 137, 153, 163, 165, 175, 209, 229, 251, 254

마키아벨리, 니콜로(Niccolò Machiavelli) 20, 98~100, 149, 233, 234

민주정 11, 12, 22, 23, 49, 54, 62, 95, 102, 104, 133, 169, 170, 172, 182, 184, 228, 235, 243, 249, 250, 252

민주주의 11, 22, 31, 32, 43, 71, 103, 108, 112, 134, 141, 153, 160, 243, 244, 250

ㅂ

발리바르, 에티엔(Balibar, Etienne) 14, 61, 250

법 23, 29, 53, 56, 57, 59, 60, 62, 64, 66, 67, 70, 71, 73, 81, 83, 86~88, 92~94, 102, 113, 115, 119, 123, 125, 127, 128, 130, 133~135, 137, 139, 153~155, 163, 170, 173, 177, 179, 181, 183~188, 190~194, 196, 197, 200, 205~209, 213, 215, 220, 221, 234, 240~243, 245~247, 250~252

법률가 82, 111, 112, 115, 117, 118, 140

베니스 172

보상 68~70, 148, 189, 244, 245, 250

복종 49, 56~58, 60, 64~69, 72, 85, 87, 94, 95, 97, 107, 115, 123, 126, 127, 155, 157, 176, 177, 189, 216, 227, 236

부동산 110, 123, 135, 146, 148

비트, 요한 데(Witt, Johan de) 21,

199, 230, 231, 256, 257

ㅅ

사군툼 229
사회계약론 64
사회상태 30, 61~64, 66~68, 71, 72, 86, 92, 93, 97, 101, 128, 139, 148, 153, 154
살루스트(Sallust) 132
성서 73, 79, 80, 151
성서해석 73, 80
솔로몬(Solomon) 151
스키피오(Scipio) 239
스토아학파 18, 28
스파르타 163
시민 12, 13, 52, 62, 63, 65, 70, 71, 74, 82, 88, 102, 106, 108~113, 116, 120~123, 128, 130, 131, 133, 135, 139, 140, 142~146, 148, 149, 159, 160, 163, 171, 183, 198, 199, 210, 219, 220, 231, 238, 243, 249, 250
시민권 31, 93, 121, 210, 218, 219, 228, 250
시민법 155
시샤크(Shishak) 151
신 12, 23, 33, 34, 36~39, 41, 43, 45, 48, 50, 55, 58~60, 66, 69, 72~74, 124, 125, 127, 142, 154, 155, 215
신민 12, 62, 64, 65, 67, 68, 72, 74, 79, 81, 83, 85~87, 92, 94, 95, 97, 99, 104, 106, 107, 123, 128, 129, 131, 137, 139, 142, 161, 164~166, 172, 177, 178, 180, 194, 198, 199, 214, 216, 220, 224, 231, 236, 243
신학자 20, 21, 38, 39, 41
씨족 109, 111, 112, 115~121, 137, 140, 145, 177, 205

ㅇ

아라곤(Arragone) 162, 163, 165~167
아히토펠(Ahitophel) 141
악덕 17, 20, 29, 38, 156, 157, 239~243, 247
압살롬(Absalom) 141
엑스라샤펠 평화조약 151
오라녜 가문 211, 230, 231, 256
오르시네스(Orsines) 105
외국인 120~123, 150, 151, 178, 180, 182, 185, 205, 252
욕망 24, 26, 28, 29, 35~38, 41, 42, 44, 45, 55, 56, 58, 72, 93, 102, 107, 127, 128, 130, 175, 181, 241, 242
용병 139, 144, 161
원로원 188, 191, 194~204, 206, 210~215, 220~226, 228, 235, 239, 240
유대인 59, 60, 256

윤리학 18, 19, 134

이성 18, 22, 26~30, 36~40, 42~46, 48, 54~59, 66~69, 72, 73, 77, 79, 80, 83, 84, 91, 96, 99, 101, 103, 106, 107, 115, 126~128, 130, 144, 152, 155, 159, 162, 175, 176, 245, 246

인간본성 8, 10~14, 17, 19, 22~27, 30, 38, 39, 41, 42, 70, 80, 102, 124, 129~131, 158, 247, 252

ㅈ

자연권 22, 31, 34~37, 44, 49, 51, 52, 55, 58, 62~64, 74, 76, 85, 96

자연상태 50~52, 54, 58, 62~64, 67, 68, 71, 75, 76, 87, 89, 93, 110, 146, 148, 154, 162

자유 24, 29, 32, 34, 35, 41~44, 48, 49, 54~57, 63~67, 72, 73, 75, 85, 87, 93~95, 99, 100, 103, 124, 126, 128, 129, 135, 142, 143, 146, 148~150, 158, 160, 165~167, 172, 174, 176, 182, 192, 193, 198, 212, 214, 215, 229, 230, 232, 236, 244, 245, 251

자유의지 40~42

재판 118, 119, 127, 147, 148, 159, 188, 190, 206, 208, 226

재판관 63, 118, 119, 127, 147~149, 163, 205, 206, 208, 209, 211, 223, 226, 227

전쟁 53, 76, 77, 79, 82, 85, 87, 92, 93, 95~97, 105~107, 110, 115, 120~122, 132, 133, 135, 138, 139, 146, 147, 149, 151, 159, 160, 165, 178, 179, 195, 197, 199, 222, 227, 230, 239

전쟁법 87, 88, 165

전쟁상태 79, 93, 150

절대(성) 22, 28, 34~36, 38, 41, 43, 50, 52, 64, 65, 76, 83, 85, 88, 104, 126, 132, 152~154, 163, 164, 166, 170, 173~176, 192, 193, 218, 236, 237, 241, 243, 249

절대권력 65, 66, 127, 147, 150, 152, 154, 169, 173, 235

절대통치 142, 161, 165, 174, 176, 235

정념 17, 18, 25~29, 36, 40~43, 47, 48, 50, 51, 54, 57, 58, 60, 66, 69, 77, 80, 86, 93, 95, 99, 101, 103, 104, 106, 115, 122~128, 131, 136, 159, 162, 175, 181, 242, 245, 246, 254

정신 15, 23, 25, 29, 37~40, 44, 45, 47~49, 51, 53, 55~58, 62, 65, 68, 72, 81, 101, 105, 114, 133, 159, 163, 187

정의 31

정치 8~11, 18, 20~23, 28, 32, 71, 97~99, 110, 142, 155, 178, 231,

244, 251
정치가 18~22, 28, 29, 98, 239
제국 7~9, 11, 14
제노바 172, 186, 205
종교 10, 20, 21, 27, 41, 58, 59, 66, 70, 72~74, 79, 124, 155, 178, 213, 214
종교법 155
집정관 197, 202~204, 213, 223, 226, 239, 240

ㅊ

철학자 17~21, 29, 36, 52, 84, 257
최고 권력 20, 61, 62, 67, 72, 74, 79, 81~83, 105, 133, 152, 154, 170, 171, 176, 187, 213, 221

ㅋ

케자르(Caesar) 132
코나투스(conatus) 12, 23, 26, 28, 30, 36~40, 44, 55~57, 64, 67, 75, 77, 78, 80, 94, 103, 122, 127, 130, 131, 136, 165, 181

ㅌ

터키 104, 150
통치권/지배(imperium) 22, 53, 54, 56, 58, 60, 61, 64, 82, 86, 88, 89, 92, 108, 129, 130, 132, 139, 141, 142, 150, 152, 153, 159, 161, 165, 169, 170, 172~175, 179, 181~185, 187, 217, 218, 225, 231, 232, 248, 252~254

ㅍ

페레즈, 안토니오(Pérez, Antonio) 142
페르디난드(Ferdinand) 165, 166
페르시아 125
평의원 188~194, 196, 198~200, 202, 204, 206, 208, 209, 211, 213, 225, 226, 238, 240
평화 52, 53, 64, 66, 73, 76, 77, 79, 82, 85, 92, 95, 104~107, 110, 115, 120~122, 128~130, 132, 133, 135, 136, 138, 143, 147~150, 159, 160, 176, 195, 197~210, 237, 240, 242, 254
폭도 156, 158, 187
필립 2세(Philip II) 166, 167
필립 3세(Philip III) 167
필립 4세(Philip IV) 151

ㅎ

하트, 마이클(Hardt, Michael) 7
한니발(Hannibal) 94, 229, 240
할람(Hallam) 163, 164

형이상학　11, 23, 32~35, 235, 244
호민관　178, 223, 224, 239, 240
홉스, 토머스(Hobbes, Thomas)　52, 83, 110, 256
힘(potentia)　12, 33~37, 48, 51, 53, 62, 64, 68, 71, 75, 78, 81, 84, 88, 91, 105, 138, 140, 143, 145, 153, 154, 157, 167, 170, 172, 173, 176, 177, 188, 207, 213, 219, 220, 222, 223, 239, 254

단행본

『군주론』(마키아벨리)　98

『리바이어던』(홉스)　83, 256
『스피노자와 정치』(발리바르)　61
『신학-정치론』(스피노자)　10, 11, 21, 22, 25, 27, 31~34, 43, 72, 102, 155, 213, 214, 250, 257
『역사』(타키투스)　141, 142, 144
『윤리학』(스피노자)　10, 11, 19, 24~26, 29, 31~34, 60, 134, 256
『전복적 스피노자』(네그리)　32, 97, 108, 235
『정치론』(스피노자)　7~11, 19, 22~25, 32, 34, 35, 55, 66, 67, 83, 92, 102, 108, 153, 182, 250, 257
『제국』(네그리/하트)　7

:: 갈무리 신서

1. 오늘의 세계경제 : 위기와 전망
크리스 하먼 지음 / 이원영 편역

1990년대에 자본주의 세계경제가 직면한 위기의 성격과 그 내적 동력을 이론적·실증적으로 해부한 경제 분석서.

2. 동유럽에서의 계급투쟁 : 1945~1983
크리스 하먼 지음 / 김형주 옮김

1945~1983년에 걸쳐 스딸린주의 관료정권에 대항하는 동유럽 노동자계급의 투쟁이 어떻게 전개되어 왔는가를 실증적으로 분석한 역사서.

7. 소련의 해체와 그 이후의 동유럽
크리스 하먼·마이크 헤인즈 지음 / 이원영 편역

소련 해체 과정의 저변에서 작용하고 있는 사회적 동력을 분석하고 그 이후 동유럽 사회가 처해 있는 심각한 위기와 그 성격을 해부한 역사 분석서.

8. 현대 철학의 두 가지 전통과 마르크스주의
알렉스 캘리니코스 지음 / 정남영 옮김

현대 철학의 역사에 대한 비판적 분석을 통해 철학에서 마르크스주의의 역할은 무엇인가를 집중적으로 탐구한 철학개론서.

9. 현대 프랑스 철학의 성격 논쟁
알렉스 캘리니코스 외 지음 / 이원영 편역·해제

알뛰세의 구조주의 철학과 포스트구조주의의 성격 문제를 둘러싸고 영국의 국제사회주의자들 내부에서 벌어졌던 논쟁을 묶은 책.

11. 안토니오 그람시의 단층들
페리 앤더슨·칼 보그 외 지음 / 김현우·신진욱·허준석 편역

마르크스주의 내에서 그리고 밖에서 그람시에게 미친 지적 영향의 다양성을 강조하면서 정치적 위기들과 대격변들, 숨가쁘게 변화하는 상황에 대한 그람시의 개입을 다각도로 탐구하고 있는 책.

12. 배반당한 혁명
레온 뜨로츠키 지음 / 김성훈 옮김

혁명적 마르크스주의의 입장에서 통계수치와 신문기사 등 구체적인 자료를 바탕으로 소련 사회와 스딸린주의 정치 체제의 성격을 파헤치고 그 미래를 전망한 뜨로츠키의 대표적 정치분석서.

14. 포스트모더니즘 이후의 정치와 문화
마이클 라이언 지음 / 나병철·이경훈 옮김

마르크스주의와 해체론의 연계문제를 다양한 현대사상의 문맥에서 보다 확장시키는 한편, 실제의 정치와 문화에 구체적으로 적용시키는 철학적 문화 분석서.

15. 디오니소스의 노동·I
안토니오 네그리·마이클 하트 지음 / 이원영 옮김

'시간에 의한 사물들의 형성'이자 '살아 있는 형식부여적 불'로서의 '디오니소스의 노동', 즉 '기쁨의 실천'을 서술한 책.

16. 디오니소스의 노동·II
안토니오 네그리·마이클 하트 지음 / 이원영 옮김

이딸리아 아우또노미아 운동의 지도적 이론가였으며 『제국』의 저자인 안또니오 네그리와 그의 제자이자 가장 긴밀한 협력자이면서 듀크대학 교수인 마이클 하트가 공동집필한 정치철학서.

17. 이딸리아 자율주의 정치철학·1
쎄르지오 볼로냐·안또니오 네그리 외 지음 / 이원영 편역

이딸리아 아우또노미아 운동의 이론적 표현물 중의 하나인 자율주의 정치철학이 형성된 역사적 배경과 맑스주의 전통 속에서 자율주의 철학의 독특성 및 그것의 발전적 성과를 집약한 책.

19. 사빠띠스따
해리 클리버 지음 / 이원영·서창현 옮김

미국의 대표적인 자율주의적 맑스주의자이며 사빠띠스따 행동위원회의 활동적 일원인 해리 클리버 교수(미국 텍사스 대학 정치경제학 교수)의 진지하면서도 읽기 쉬운 정치논문 모음집.

20. 신자유주의와 화폐의 정치

워너 본펠드 · 존 홀러웨이 편저 / 이원영 옮김

사회 관계의 한 형식으로서의, 계급투쟁의 한 형식으로서의 화폐에 대한 탐구. 이 책 전체에 중심적인 것은, 화폐적 불안정성의 이면은 노동의 불복종적 권력이라는 것을 이해하는 것이다.

21. 정보시대의 노동전략 : 슘페터 추종자의 자본전략을 넘어서

이상락 지음

슘페터 추종자들의 자본주의 발전전략을 정치적으로 해석하여 자본의 전략을 좀더 밀도있게 노동의 관점에서 분석하고 또 이로부터 자본주의를 넘어서려는 새로운 노동전략을 추출해 낸다.

22. 미래로 돌아가다

안또니오 네그리 · 펠릭스 가따리 지음 / 조정환 편역

1968년 이후 등장한 새로운 집단적 주체와 전복적 정치 그리고 연합의 새로운 노선을 제시한 철학?정치학 입문서.

23. 안토니오 그람시 옥중수고 이전

리처드 벨라미 엮음 / 김현우 · 장석준 옮김

『옥중수고』 이전에 씌어진 그람시의 초기저작. 평의회 운동, 파시즘 분석, 인간의 의지와 윤리에 대한 독특한 해석 등을 중심으로 그람시의 정치철학의 숨겨져 온 면모를 보여준다.

24. 리얼리즘과 그 너머 : 디킨즈 소설 연구

정남영 지음

디킨즈의 작품들에 대한 치밀한 분석을 통해 새로운 리얼리즘론의 가능성을 모색한 문학이론서.

31. 풀뿌리는 느리게 질주한다

시민자치정책센터

시민스스로가 공동체의 주체가 되고 공존하는 길을 모색한다.

32. 권력으로 세상을 바꿀 수 있는가

존 홀러웨이 지음 / 조정환 옮김

사빠띠스따 봉기 이후의 다양한 사회적 투쟁들에서, 특히 씨애틀 이후의 지구화에 대항하는 투쟁들에서 등장하고 있는 좌파 정치학의 새로운 경향을 정식화하고자 하는 책.

피닉스 문예

1. 시지프의 신화일기

   석제연 지음

   오늘날의 한 여성이 역사와 성 차별의 상처로부터 새살을 틔우는 미래적 '신화 에세이'!

2. 숭어의 꿈

   김하경 지음

   미끼를 물지 않는 숭어의 눈, 노동자의 눈으로 바라본 세상! 민주노조운동의 주역들과 87년 세대, 그리고 우리 시대에 사랑과 희망의 꿈을 찾는 모든 이들에게 보내는 인간 존엄의 초대장!

3. 볼프

   이 헌 지음

   신예 작가 이헌이 1년여에 걸친 자료 수집과 하루 12시간씩 6개월간의 집필기간, 그리고 3개월간의 퇴고 기간을 거쳐 탈고한 '내 안의 히틀러와의 투쟁'을 긴장감 있게 써내려간 첫 장편소설!

4. 길 밖의 길

   백무산 지음

   1980년대의 '불꽃의 시간'에서 1990년대에 '대지의 시간'으로 나아갔던 백무산 시인이 '바람의 시간'을 통해 그의 시적 발전의 제3기를 보여주는 신작 시집.

Krome…

1. 내 사랑 마창노련 상, 하

김하경 지음

마창노련은 전노협의 선봉으로서 1987년 노동자 대투쟁 이후 민주노총이 건설되기까지 지난 10년 동안 민주노동운동의 발전을 이끌어 왔으며 공장의 벽을 뛰어넘은 대중투쟁과 연대투쟁을 가장 모범적으로 펼쳤던 조직이다. 이 기록은 한국 민주노동사 연구의 소중한 모범이자 치열한 보고문학이다.

2. 그대들을 희망의 이름으로 기억하리라

철도노조 KTX열차승무지부 지음 / 노동만화네트워크 그림
민족문학작가회의 자유실천위원회 엮음

KTX 승무원 노동자들이 직접 쓴 진솔하고 감동적인 글과 KTX 투쟁에 연대하는 16인의 노동시인·문인들의 글을 한 자리에 모으고, 〈노동만화네트워크〉 만화가들이 그린 수십 컷의 삽화가 승무원들의 글과 조화된 살아있는 감동 에세이!

3. 47, 그들이 온다

철도해고자원직복직투쟁위원회 지음 / 권오석, 최정희, 최정규, 도단이 그림
전국철도노동조합 엮음

2003년 6월 28일 정부의 철도 구조조정에 맞서 총파업을 하고 완강히 저항하다 해고된 철도노동자 47명, 그들이 부산에서 서울까지 순회·도보행군에 앞서 펴낸 희망의 에세이!